VIERHÄNDIG KOCHEN

Ein Dialog in der Küche

von Barbara und Wolfram Siebeck

VIERHÄNDIG KOCHEN

Ein Dialog in der Küche

von Barbara und Wolfram Siebeck

Photographien von
Sigi Hengstenberg

Verlag Christian Brandstätter

INHALT

MANN UND FRAU IN DER KÜCHE – KANN DAS GUT GEHEN?

Wolfram Siebeck: Jeder Hobby-Psychologe weiß, dass erotische Spannungen am Arbeitsplatz die Produktivität erhöhen.

Barbara Siebeck: *Sie können sich aber auch in aggressiven Reaktionen entladen.*

Wie zum Beispiel jetzt! Warum schubst du mich so aggressiv?

Weil du im Weg stehst. Wie soll ich an den Eisschrank kommen, wenn du davor stehst?

Der Eisschrank ist kein Eisschrank, sondern ein Kühlschrank. Außerdem ist unsere Küche keine Großküche, sondern eine Küche für … für …

Für wen denn nun? Für Zwerge? Für Schlangenmenschen? Für Singles?

Eigentlich sind solche Küchen nur für eine Ein-Personen-Equipe geeignet.

Mein Gott, sie ist zwanzig Quadratmeter groß. Restaurantküchen, in denen für zwei Dutzend Personen und mehr gekocht wird, sind manchmal nicht größer!

Ich weiß. Aber wir wollen ja nicht für dreißig Leute kochen, sondern für uns beide allein.

Ja, bis auf die Tage, wo du deine Kollegen zum Essen einlädst …

… und unsere Kinder ihre Brut vorführen wollen. Bei welcher Gelegenheit sie das Haus nicht verlassen, ohne exzessiv gefuttert und getrunken zu haben.

Na und? Es macht mir Spaß, für sie zu kochen.

Für mich zu kochen macht dir keinen Spaß?

Was tue ich denn Tag für Tag? Ich koche dir Mittagessen, Abendessen und backe Kuchen für dazwischen, wenn dir vor Hunger schlecht wird. Thomas Mann ist auch nicht mehr betüttelt worden als du, und der hatte wenigstens den Nobelpreis.

Vor allem hatte er eine Köchin, die seiner Frau das Kochen ersparte, und einen Chauffeur, der die Köchin zum Einkaufen fuhr.

Und warum habe ich keinen Chauffeur?

Dafür hast du einen Induktionsherd von MKN. Mit so einem Herd in der Küche hätte Katja Mann auf ihre Köchin verzichtet. Und für diesen Kühlschrank hätte sie den Chauffeur eingetauscht.

Wahrscheinlich hätte sie sogar ihren Mann gegen einen Journalisten eingetauscht, gegen einen, der Kochbücher schreibt und ihr beim Kochen immer dazwischen redet. – Gib jetzt den Eisschrank frei und verschwinde in dein Büro!

Er heißt nicht Eisschrank und ist im Übrigen viel zu groß.

Zu groß? Für deine Weinflaschen kann kein Schrank groß genug sein. Weil du zu faul bist, für jede Flasche in den Keller zu rennen, brauchst du diesen riesigen Eisschrank.

Es ist ein Kühlschrank.– Für **Drachenzungen** brauchen wir tatsächlich einen Kühlschrank. Weil die Drachenzungen mehrere Tage aufgehoben werden können, wofür im Hochsommer ein Kühlschrank nötig ist. Es handelt sich dabei um in Streifen geschnittene rote Paprikaschoten, die in Olivenöl mariniert und provenzalisch gewürzt werden. Man kriegt sie gewöhnlich nur in Restaurants, weil die Hausfrauen das Enthäuten unterm Grill zu mühselig finden. Vor allem ist es riskant, denn die Haut verbrennt schnell, wenn man nicht aufpasst. Das passiert sogar Profiköchen, die den Trick nicht kennen.

Drachenzungen
Paprikaschoten, in Streifen geschnitten und enthäutet
Knoblauch
Olivenöl
Salz
Pfeffer

Dieser Trick ist tatsächlich verblüffend. Er macht die entscheidende Arbeit zu einem Kinderspiel. Den Ofen vorheizen muss man allerdings, um die Schoten weich zu kriegen. Also zirka 160 °C und die Schoten auf den Rost legen. Nach 20 Minuten einmal wenden. Nach weiteren 20 Minuten herausnehmen und in einen Plastikbeutel stecken. Diesen verschließen, und die Paprika darin in ihrer Resthitze brüten lassen. Wenn sie ganz abgekühlt sind (das kann am nächsten Tag sein) lässt sich die Haut mühelos abziehen. Verbrannte Stellen gibt es bei dieser Methode nicht.

Dann halbieren wir die Schoten, entkernen sie und entfernen die Stege. Nun schneiden wir sie in längliche Streifen, welche möglicherweise roten Drachenzungen ähnlich sind. Diese Streifen legen wir in eine Porzellanform, salzen und pfeffern sie und hobeln einige Scheiben Knoblauch darüber. Darauf legen wir eine zweite Schicht Paprikastreifen, würzen wieder wie gehabt und so weiter. Zum Schluss wird erstklassiges Olivenöl darüber gegossen. Dann wird die

Form mit Folie verschlossen und in den Kühlschrank gestellt. Wenn die Paprikastreifen mit Öl völlig bedeckt sind, halten sie sich tagelang.

Warum »wir«? Die roten Zungen mache ich allein. Und den Trick mit der Plastiktüte habe ich dieser dicken Köchin entlockt, die die Streifen so hübsch auf den Tellern dekoriert.

Ja, die Alkoholikerin in der Vaucluse.

Jedenfalls hast du die Drachenzungen noch nie gemacht!

Aber zugesehen habe ich; wie könnte ich das Rezept sonst beschreiben?

Das ist nicht dasselbe. Es gibt Männer, die sehen zu, wie ihre Frauen Kinder kriegen. Deshalb können sie aber noch lange nicht selber Kinder kriegen.

Trotzdem plädiere ich dafür, dass zwischen die einzelnen Paprikastreifen halbierte Anchovisfilets gesteckt werden. Der Naturgeschmack der Paprikas ist nun mal nicht sehr aufregend, eher fade.

Wie du alles fade findest, was deinen Durst nicht fördert.

Richtig, denn die Flasche Wein zum Essen ist mir wichtiger als das Essen selbst.

Dann geh doch zu der dicken Köchin, die hätte ihre Freude an dir!
Ich fahr' jetzt zum Markt. Brauchen wir was Spezielles?

Ja, Limonen. Und Speck.

Wozu denn Speck?

Wird immer gebraucht. Zur Lotte zum Beispiel. Am besten, ich komme mit.

Nein, bloß nicht. Ich muss auch noch zur Reinigung. Und mit dir dauert es immer so lange, bis du dich für irgendwas entschieden hast. Und dann kaufst du immer zu viel.

Zu viel von was? Du hast bloß Angst, dass ich Kutteln kaufe oder die Zutaten für eine Fischsuppe.

Eine Fischsuppe kannst du kochen, wenn Beckmanns zu Besuch kommen. Die mögen deine Fischsuppe merkwürdigerweise ganz gerne.

Ganz gerne? Die sind wild darauf. Sie ruft am nächsten Tag alle an und schwärmt von meiner Fischsuppe.

Sie muss dir hörig sein …

Ich muss jedenfalls mit zum Markt. Allein würdest du ja auch keine Kalbsnieren kaufen, wenn der Metzger welche haben sollte. Und Kalbskopf sowieso nicht.

Nein! Und auch keinen Schweinsfuß und ähnlichen Glibber.

Aber im Restaurant isst du doch das alles!

Ja, wenn es mit Trüffel serviert wird, aber auch dann nur mit Widerwillen.

Ich brauche nur beim Trüffelhändler anzurufen, der besorgt uns schon welche.

Ich will das schwabbelige Glibberzeugs trotzdem nicht in meinen Töpfen haben.

Und in Wien hast du sogar Hirn gegessen. Gebackenes Hirn mit Ei!

Hab' ich nicht! Du hast Kalbshirn mit Ei gegessen. Mir wurde schon vom Zusehen schlecht.

Mein Gott! Und mit so was teile ich seit Jahrzehnten meine Küche.

Deine Küche? Nach Lage der Dinge gehört sie praktisch dem Finanzamt.

Wir hatten auch schon früher Küchen, die wir gemeinsam benutzt haben. Wie hättest du sonst kochen gelernt?

Vielen Dank, hoher Meister! Im Eisschrank liegt noch eine eingeschweißte Andouillette. Die kannst du dir ja schmoren, während ich auf dem Markt bin. Und öffne die Tür nicht dem bösen Wolf, bis ich zurück bin!

ES GEHT UM DIE WURST.

Andoillette

Andouillette

Butter

1 EL Schalotten, fein gehackt

Trockener Weißwein

1/4 l süße Sahne

1 EL scharfer Senf

Wolfram Siebeck: Die erwähnte **Andouillette** ist tatsächlich nicht jedermanns Geschmack. Es ist eine Wurst aus Schweinedarm. In Frankreich gehört sie zur gastronomischen Tradition. Früher, als sie von Kleinbetrieben und sogar von Metzgern noch hausgemacht wurde, verriet sie der Nase nicht selten ihre ordinäre Herkunft. Es mag Esser gegeben haben, die den Urgeschmack einer Andouillette liebten. Ich habe nie zu ihnen gehört. In einer Kneipe an der Loire habe ich einmal so eine Stinkbombe auf dem Teller gehabt. Zwei Bissen davon habe ich runtergewürgt und mit viel Wein nachgespült. Den Rest ließ ich liegen. Heute werden diese anrüchigen Würste nicht mehr in ihrer traditionellen Rustikalität hergestellt und das Grundmaterial gut gewaschen. Darüber hinaus muss man die Konsistenz dieser Wurst akzeptieren. Die Därme sind in grobe Stücke geschnitten, und auch nach langem Schmoren oder Grillen bleiben es elastische Stücke vom Darm, die man in den Mund steckt. Gegrillt habe ich sie übrigens nie gemocht. Aber geschmort produzieren sie eine fabelhafte Sauce, die ich als große Delikatesse schätze.

Die Andouillette entsteht folgendermaßen: Kaufen kann man Darmwürste nur in wenigen Kaufhäusern, deren Kundschaft extravagante Produkte sucht. Und natürlich in Frankreich, und zwar bei jedem Metzger. Die Darmwürste sind eingeschweißt im Dreier- oder Viererpack. Obwohl sie nicht sehr groß sind, genügt eine pro Person. Sie wird in einem kleinen, gusseisernen Schmortopf in reichlich Butter sehr, sehr vorsichtig angebraten, damit die äußere Haut, die den groben Inhalt zusammenhält, nicht platzt (was aber trotzdem passieren kann). Während dieser Phase 1 EL fein gehackte Schalotten dazu geben und etwas trockenen Weißwein angießen. Etwas Wein bedeutet: so viel, dass die Wurst nur zu drei viertel bedeckt ist. Das obere Viertel bleibt trocken. Nun stelle ich den Topf ohne Deckel in den heißen Backofen. Nach 15 Minuten dürfte der frei liegende Teil leicht gebräunt sein. Ich drehe die Andouillette herum, so dass nun ein blasser, nicht gebräunter Teil ihrer Haut aus der heißen Schmorflüssigkeit herausragt. Für das Wendemanöver ist eine hölzerne Zange sehr praktisch, weil die glatten Würste sich nicht freiwillig rumdrehen lassen. Nach weiteren 15 Minuten wiederhole ich das Spiel. Inzwischen ist vom Wein so viel verkocht, dass ich Flüssigkeit nachgießen muss. Dafür nehme ich einen Becher Sahne und rühre darin 1 EL Senf ein. Scharfen Senf, keine süßlichen Varianten. Diese Sahne gieße ich beim nächsten Wenden in den Topf. Das häufige Drehen der Wurst bewirkt eine schönere Färbung an allen Seiten und eine kräftige Würzung der Sauce, da die frisch gebräunte und nun untergetauchte Seite ihre Aromastoffe an diese abgibt.

Im Topf kann sich inzwischen eine kleine Katastrophe ereignet haben, die leider nicht ganz zu vermeiden ist: die Wurst ist geplatzt. Da gilt es, nicht die Nerven zu verlieren. Ändern kann man das nicht. Wahrscheinlich war ich beim Anbraten zu ungeduldig und die Hitze zu groß. Oder der Fabrikant verwendet extrem dünne Häute. Beim nächsten Mal also die Andouillette woanders kaufen – was wahrscheinlich nichts nützt, da sie alle nach dem gleichen Rezept

hergestellt werden. Trotzdem nicht weinen und so tun, als sei nichts geschehen. Gewiss sollte man einem Novizen eine geplatzte Darmwurst nicht zumuten. Ein geschmacklicher Unterschied besteht jedoch nicht.
Dass die Sauce zwischenzeitlich auch gesalzen und gepfeffert wird, versteht sich von selbst. Beim Abschmecken stelle ich überdies fest, ob noch zusätzlicher Senf in die Sauce muss. Die wird jetzt schon so schmecken, dass der Hobbykoch verblüfft die Augenbrauen hochreißt: Dieses einzigartige Aroma hat er nicht für möglich gehalten, als er die Andouillette aus dem Papier gewickelt hat.
Die Saucenmenge sollte sich nicht verringern, denn dazu esse ich Salzkartoffeln, was nach ungefähr 1 Stunde möglich ist. Vielleicht ist es im Pastorenhaushalt ratsam, pro Person nur eine halbe Darmwurst zu servieren. Aber kein Gemüse, höchstens Salat. Ein Weißwein mit deutlicher Säure muss jedoch sein.

Barbara Siebeck: *Was heißt hier Pastorenhaushalt? Auch andere Familien überschreiten die Schamgrenze nicht so leichtfertig wie du und deine französischen Schleusenwärter.*

Wieso Schleusenwärter? Im Bistro de Passage verkehren keine Schleusenwärter. Dorthin pilgert die Bohème eben wegen der Andouillette.

So? Aber Topor hat sich davor geekelt. Im Übrigen erinnere ich mich leider sehr gut an die schreckliche Wurst, die wir am Canal de Nivernais neben einer Schleuse vorgesetzt bekamen.

Das ist der Reiz des Hausbootfahrens. Sei froh, dass es keine Ratte war.

Wenn ich daran denke, dass wir extra nach Flandern gefahren sind, weil du dort Ratten essen wolltest!

Tja, gäbe es die auch in unserer Küche, hätten wir uns die Fahrt ersparen können.

Ratten als deutsches Nationalgericht? Du bist doch verrückt. Bei uns stehen ja schon Kalbsnieren auf dem Index der Ekelprodukte.

Alle Innereien! Daran sieht man, wie wenig wir vom Essen verstehen. Im Gegensatz zu den Franzosen und den Chinesen …

… die essen sogar Hühnerfüße!

Und wir ekeln uns schon vor Schweinsfüßen.

Ich habe sowieso Fisch im Auge. Ein schönes Stück Schellfisch, so lange es den noch gibt, oder Kabeljau. Es müssen ja nicht immer Sardinen sein.

Gut. Und kauf beim Käse-Meier die bretonische Butter mit den Salzkörnern.

Davon liegt noch ein Paket im Eisschrank.

ZUM GLÜCK GIBT'S FISCH!

Schellfisch mit Senfsauce

Schellfisch oder Kabeljau, küchenfertig

Für die Sauce

Etwas Hühner- oder Gemüsebouillon
1 EL Senf
Süße Sahne
Salz, weißer Pfeffer

Barbara Siebeck: Schellfisch mit Senfsauce gehört zu Siebecks Lieblingsgerichten. Oder Kabeljau, der genau so zubereitet wird und lediglich ein wenig grobfaseriger ist. Beide haben festes, weißes Fleisch, das ich länger garen lasse als zum Beispiel ein Lachsfilet. Für uns beide reichen 300 g, ohne Schwanz und Kopf. Der Fischhändler, der mir jedesmal eine Zitrone zum Fisch packt, hat die Haut des Schellfisches geschuppt und die Flosse weggeschnitten. Ich muss ihn zu Hause nur kurz unter fließendes Wasser halten. Dann lege ich ihn in einen Topf mit kaltem, gesalzenem Wasser und stelle ihn auf den Herd. Sobald das Wasser beginnt, kleine Bläschen zu werfen, schalte ich die Temperatur zurück. Dies ist der einzige heikle Punkt beim Fischkochen. Fische dürfen nie wirklich kochen! Das wäre die sicherste Methode, sie trocken und papierähnlich zu kriegen – womit kein dünnes Schreibpapier gemeint ist, sondern dicke Pappe. Im Gegensatz zu Gemüse und Nudeln wird Fisch bereits bei 65 °C gar. Eigentlich wäre so etwas wie ein Badethermometer in der Fischküche ganz nützlich. Die niedrige Wassertemperatur hat natürlich zur Folge, dass Lauch und andere Kräuter keinen Geschmack abgeben. Wenn ich auf eine kräftige Brühe Wert lege, muss ich die Zutaten vorher 20 Minuten auskochen und das Wasser wieder abkühlen lassen. Aber das ist mir zu umständlich; außerdem bringt es wenig, denn gegen meine Senfsauce haben Lauch und Lorbeer keine Chance. Wirklich misslingen kann die Senfsauce nicht, nur mehr oder weniger butterig ausfallen. Außer Butter und Senf brauche ich als Zutat nur Sahne und etwas Brühe. Die kann ein leichter Fischfond sein oder eine Court bouillon (Gemüsebrühe). Ich erhitze sie in einer Kasserolle, füge 1 EL Senf hinzu, Pfeffer (ausnahmsweise einmal weißer Pfeffer), schütte eine gewisse Menge Sahne an und lasse alles kurz durchkochen. Abschmecken und dann die kalte Butter einrühren. Das Ungewisse ist lediglich die Menge der Zutaten. Das muss man in den Fingerspitzen haben; abmessen oder -wiegen hilft nicht. Bevor die Butter einmontiert wird, kann ich die Sauce immer noch reduzieren; auch mehr Senf ist kein Problem. Zum Schluss kommt es dann wie immer aufs Abschmecken an.

Wolfram Siebeck: Man kann eine Senfsauce auch mit Senfkörnern ansetzen!

Was du nicht sagst! Und wem soll das nützen?

Nun, es gibt dem Ganzen so etwas Individuelles, Hausgemachtes.

Gut, dass du nicht vorgibst, es schmecke anders oder sogar besser.

Ich glaube ja auch, dass die Restaurantköche, bei denen wir solche Senfsaucen gegessen haben, das nur machen, um den Gästen zu imponieren. Der Geschmack kommt auch bei ihnen aus dem Senfglas.

Deshalb versuche ich erst gar nichts anderes.

Du versuchst ja nicht einmal, den Fisch im Steamer zu garen!

Ach, jetzt fängt das wieder an. Wozu brauche ich einen Steamer, wenn wir diese chinesischen Bastkörbe haben? Über kochendes Wasser gestellt, garen sie jeden Fisch genau so schonend wie dein Steamer.

Gewiss; aber der elektrische Dampfkocher kocht ja nicht nur Fische. Kartoffelgratins kann er auch, dafür müssen wir nicht mehr extra den großen Ofen anwerfen. Und Gemüse sowieso. Wie überhaupt alles, was im Dampf schonender gegart wird. Außerdem wird der Eigengeschmack der Dinge nicht beeinflusst.

Dabei ist es doch gerade eine Spezialität von dir, den Eigengeschmack zu beeinflussen. Wieso kommt sonst der Curry ans Essen? Und die Pfeffermengen, die du verbrauchst, die Sojasauce, der Safran … Hast du dir nicht kürzlich von dem Versandhandel in Antwerpen getrocknete Rhabarberwurzeln schicken lassen?

Das nennt man die Kunst des Würzens. Ohne scharfe oder duftende Zugaben wäre unsere Küche ziemlich langweilig.

Ja, ja. Deshalb wirfst du auch den Knoblauch knollenweise in den Schmortopf, nicht wahr?

Und wozu pflanzt du im Garten diese Dillsträuße und Salbeisträucher an?

Die wachsen dort wild – wie der Fenchel.

Und was ist mit deinem geliebten Zimt?

Chicoree mit Zimt und Orangen

- 3–4 Chicoree
- 1 Zimtstange
- 2 Lorbeerblätter
- Etwas Zitronensaft
- 1 TL Honig
- 1/2 TL Orangenschale, unbehandelt
- 1/2 Apfel, klein gehackt
- Saft einer Limette

*Du magst ihn doch auch gern! Zum Beispiel in meinem **Chicoree mit Zimt und Orangen**.*

Ah, d'accord, der ist wunderbar!

Für 2 Personen brauche ich 3–4 Chicorée. Ich wasche sie, und entferne eventuell nicht mehr frische Außenblätter. Dann halbiere ich die einzelnen Knollen der Länge nach. Nennt man sie überhaupt Knollen? Die sehen doch aus wie kleine U-Boote zur Erforschung der Suppentöpfe.
Ich halbiere sie also und schneide sie quer in Halbkreise. Zusammen mit 1 EL Butter kommen sie in einen Topf mit großem Durchmesser (damit sie nicht so hoch übereinander liegen) und werden bei mittlerer Hitze gedünstet. Gewürzt wird wie üblich mit Salz und Pfeffer aus der Mühle, dann gebe ich eine zerbrochene Zimtstange dazu sowie 2 Lorbeerblätter. Zitronensaft ist unerlässlich und in diesem einmaligen Fall auch eine Honigzugabe. 1 TL genügt meistens, weniger sollte es nicht sein. Am praktischsten ist Akazienhonig, weil er mehr oder weniger flüssig ist und geschmacklich in der Mitte zwischen dem optimalen Lavendelhonig und dem dichten, dunklen Tannenhonig liegt.

Chicoree besitzt im Gegensatz zu früher eine nur noch schwach ausgeprägte Bitterkeit – ein eher fragwürdiger Zuchterfolg. Aber diese Bitterkeit genügt immer noch, um dieses Gemüse interessant zu machen und Honig als legitimes Gewürz ins Spiel zu bringen.

Am wichtigsten sind aber hauchdünne Stücke von der Schale einer unbehandelten Orange. Mit dem Sparschäler abhobeln und untermischen. Davon genügt 1/2 TL. Das alles dünstet nun geduldig vor sich hin, bis ich die nächste Zutat beifüge: ein sehr klein gehackter

halber Apfel (ohne Schale und Kerne natürlich) und den Saft einer Limette. Wenn die Hitze zu groß war und die Feuchtigkeit des Chicoree zu schnell verschwindet, muss man Flüssigkeit angießen. Das kann Wein sein oder Bouillon. Aber auch sauberes Wasser ist nie schädlich. Lorbeer und Zimtstange werden vor dem Servieren herausgefischt.

Die Beigabe der Orangenschale ist sensationell! Sie verwandelt den Chicoree in ein völlig neues, hochfeines Gemüse, eine ideale Beigabe zu praktisch allen Sorten von Fleisch und Fisch.

Ja, sofern du keinen Wert darauf legst, den Eigengeschmack der Produkte zu erhalten.

Was hat denn eine Jakobsmuschel schon für einen Eigengeschmack? Die ist doch nur deshalb so angesehen, weil ihr jeder Koch ein aromatisches Mäntelchen umhängt. Zu Jakobsmuscheln passt dieser Chicoree deshalb genau so gut wie zur Taubenbrust, und beide sind in dieser Kombination einfach ein grandioser Höhepunkt unserer Küche!

*Du hast mein **Filet de l'empereur** vergessen!*

Jedem Fischfilet bekommt dieser Orangen-Chicoree vorzüglich! Man muss es nicht einmal nebenbei vorsichtig im Dampf garen. Einfach leicht salzen, auf das feuchte und fast gare Chicoreegemüse legen, Deckel drauf, und nach vier Minuten ist wieder einmal gelungen, was so kompliziert zu sein sein scheint und doch auf jedermanns Gaskocher gelingen kann: ein fabelhaftes Essen für den hohen Anspruch.

Gott sei Dank hast du inzwischen auch die Suche nach dem passenden Wein beendet.

Ja, es war nicht einfach, einen passenden Wein zu finden. Süß, bitter, scharf verlangen eigentlich nach einem Gewürztraminer. Der ist bei orientalischen Aromen immer die beste Wahl. Aber hier, wo auch noch Jakobsmuscheln ins Spiel kommen – oder ein Stück Fisch von ähnlich verhaltener Intensität –, muss auf die Zartheit des Produkts Rücksicht genommen werden. Das wäre im orthodoxen Sinne ein Riesling, vielleicht sogar ein Pinot blanc. Aber die wären wie ungesüßte Schlagsahne zu ungesüßten Erdbeeren. Da ist ein Chenin blanc besser, dieser rassige Weißwein aus der Gegend von Vouvray an der unteren Loire, oder aber ein weißer Graves, den ich persönlich bevorzuge. Doch das ist letzten Endes Geschmackssache.

Aber diese Weißweine sind ja nicht der Weisheit letzter Schluss, wenn Chicoree eine Ente begleiten soll oder deine geliebte Taubenbrust.

Richtig. Dann muss ein Syrah her, einer von der fruchtigen und eleganten Sorte, wie sie in der Provence und im Languedoc produziert werden.

Der australische Weinbau ist sogar durch den Syrah berühmt geworden, den sie dort Shiraz nennen.

Wie kommst du auf Australien?

Na, wenn schon vom Syrah die Rede ist … bei Ente denke ich auch automatisch an Peking und Sojasauce, obwohl ich noch nie eine Pekingente gebraten habe.

Das überlassen wir auch besser den Köchen der China-Restaurants.

Warum? So schwer kann das nicht sein. Die verwenden doch sogar tiefgefrorene Enten. Erinnere dich an das Lokal, wo wir einen Kochkurs gemacht haben.

Das in Luzern?

Genau! Wo wir nach zwei Tagen desertiert sind.

Nicht überall stehen Meisterköche am Herd.

Hier auch nicht!

Nach diesem mit Häme gemachten Vermerke/fahren wir fort im löblichen Werke. Wo ist der Wasserstein?

Willst du jetzt Messer schleifen?

Japanische Köche schleifen ihre Messer nach jedem Service!

Du bist aber kein japanischer Koch!

Aber wir haben japanische Messer. Wunderbare Messer, nach alter Samuraitradition geschmiedet.

Die man einölen muss, weil sie sonst an der Schneide rosten.

Hochwertiges Handwerkzeug muss immer gepflegt werden. Deshalb putzen wir uns ja auch die Zähne.

Aber die rosten nicht!

Gott sei Dank. Für mein Lieblingstatar brauche ich jedenfalls sehr scharfe Messer.

Tatar? Seit wann isst du denn rohes Fleisch?

Es handelt sich um die auch dir bekannte, kleine Vorspeise aus rohem Lachs.

Lachstatar

50 g frischer Lachs (pro Person)

Wásabi nach Bedarf

Etwas Zitronensaft

Olivenöl

*Ach, das **Lachstatar?** Ich freue mich, dass du es zu deiner Lieblingsvorspeise erklärst. Es macht ja ein wenig Arbeit.*

Die normalerweise von mir getan wird! Aber zugegeben, du bereitest es auch zu, wenn ich vorher die Messer schleife.

Wenn das dein Hauptbeitrag zur Küchenarbeit ist …

Der Umgang mit Messern ist nun einmal uns Männern vorbehalten. So wie wir es sind, die Steaks und Koteletts grillen …

… die ihr am liebsten mit den Fingern esst.

Das ist bei Fisch nicht üblich. Was das Lachstatar angeht, so nehme ich dazu pro Portion nicht mehr als 50 g frischen Lachs. Der wird auf einem Holzbrett mit einem Hochi-… – wie heißen diese handgeschmiedeten Messer mit der breiten Klinge?

Ho Chi Minh?

Knapp daneben. Sie heißen Kobayashi Hocho. Wenn ich mich nicht irre, stammen sie aus Kamakura, da stehen auch dieser große Buddha und der Bambuswald.

Ich erinnere mich. Und weit und breit kein Restaurant zu finden.

Nun, das war damals. Heute kannst du Sushis auch in Gelsenkirchen essen.

Eins zu Null für Schalke! Wie geht es weiter mit dem Lachstatar?

Der Lachs wird klein geschnitten. Dann kommt dieser grüne, japanische Rettich in der Tube dazu. Er heißt Wásabi und ist brennend scharf. Davon mische ich so viel unter das Lachstatar, dass es auch für Weintrinker noch zumutbar ist. Und Zitronensaft nicht vergessen sowie zum Schluss einen Guss Olivenöl.

Und wie ist es mit Dill? Der wäre hier doch endlich einmal angebracht. Oder Kapern. Oder Blüten von der Kapuzinerkresse.

Zugegeben, das alles ist bei einem Lachstatar möglich, ohne exaltiert zu wirken. Dazu geröstetes Weißbrot und einen fetten Chardonnay aus dem Napa Valley – ein Essen, das so beginnt, wird ein wunderbares Essen sein.

MOGELRISOTTO

Risotto
Lauch
Zwiebeln
Knoblauch
Pilze
Etwas Wein
Bouillon
Carnaroli-Reis
Salz
Pfeffer

Wolfram Siebeck: Ich gehöre zu den Köchen, die gerne einen **Risotto** kochen. Mich fasziniert das sichtbare Werden bei großer Hitze in der Kasserolle, während ich unentwegt rühre, Wein und Bouillon angieße; dann pfeffern, salzen, immer wieder Bouillon zugießen und beobachten, wie die runden Körner gierig die kochend heiße Flüssigkeit in sich aufsaugen, bis sie endlich den richtigen Garzustand erreicht haben. Eine Arbeit, die meine ganze Konzentration braucht und die ich allein überwache, bei der mir niemand hineinredet – es ist der Inbegriff der Freiheit beim Kochen.

Barbara Siebeck: *Und während dieser halben Stunde blockierst du den Herd, so dass ich untätig herumstehen muss.*

Ein Risotto braucht keine halbe Stunde, um gar zu werden. 25 Minuten genügen.

Vielen Dank für die fünf Minuten! Die reichen leider nicht aus, um einen Kuchen zu backen!

Wieso nicht? Siehst du kein Fernsehen? Da wird dir gezeigt, wie du ruckzuck einen Kuchen bäckst, eine Suppe kochst, den Hund fütterst und mit dem Offroader durch den Regen pflügst. Alles in 40 Sekunden!

Wir haben keinen Hund.

Aber ein Fernsehgerät. Da zeigt man dir, was eine moderne Frau alles kann.

Pass auf! Dein Risotto brennt an!

Weil es beim Risottokochen – beim richtigen, orthodoxen Rührkochen – leicht zu solchen Dialogen kommt, hat sie entdeckt, wie man einen Risotto viel weniger mühsam zubereiten kann. Wir sahen es zufällig, als wir in eine Restaurantküche gerieten, um mit dem Chef etwas zu besprechen. Da kochte sein Commis italienischen Rundkornreis, rührte, schmeckte ab und goss eine viel zu große Menge Bouillon an. Dann legte er den Deckel drauf, schob die Kasserolle an den Herdrand und wandte sich anderen Dingen zu.
Ich war schockiert. Risotto muss gerührt werden – ununterbrochen und auf sehr heißem Herd. So hatte ich es gelernt, und so hatten es mir die zuständigen Mammas demonstriert. Und hier wurde er wie ein Gemüsetopf aus Langkornreis zum Quellen an den Ofenrand geschoben. Ich knöpfte mir den Küchenchef vor und erfuhr Schreckliches: Niemand rührt mehr einen Risotto, weil dafür ein Koch 20 Minuten beschäftigt sein würde. Seine Kollegen – versicherte mir der Chef – würden alle keinen Risotto mehr rühren. Es ginge ja auch so.
Also warf ich zu Hause die üblichen Lauch, Zwiebeln, Knoblauch und Pilze zum Öl in die heiße Kasserolle, goss etwas Wein an, dann streute ich locker aus der

Hand Carnaroli darüber, ließ alles gut durchbraten, goss eine größere Menge Bouillon dazu und reduzierte die Hitze auf die kleinste Stufe. Deckel drauf. Statt angespanntem Rühren wird jetzt nur noch gelegentlich nachgesehen, ob nichts anbrennt und ob genügend Salz und Pfeffer drin ist. Nach kurzer Zeit ist der Risotto gar. Merkt man den Unterschied? Ich, in dem Bewusstsein, gemogelt zu haben, merke ihn wohl. Aber wer sonst?
Was diesem Risotto fehlt, ist das leicht Schleimige, das sich beim Carnaroli unweigerlich einstellt, wenn er heiß und mit wenig Flüssigkeit gerührt wird. Lohnt sich dafür das 20 Minuten dauernde Rühren?

Nein, lohnt nicht. Und zwar deshalb nicht, weil ich zwischenzeitlich einen Kuchen backen und die Katze füttern könnte.

Nun ja, das mit der Katze leuchtet mir ein. Also wird der Risotto nur dann heiß gerührt, wenn ich allein in der Küche stehe.
Der lauwarme Herdrand, auf dem zugedeckter Reis problemlos vor sich hin quellen kann, stand uns lange Zeit nicht zur Verfügung. Auf Gas und Elektroplatten brennt Reis jedoch leicht an, weil dort die benötigte sehr schwache

Hitze nicht einstellbar ist. Das hat sich erst geändert, seit in der Küche ein Induktionsherd steht. Vorher haben wir Reis fast immer nach dem Prinzip der Wilhelm-Busch-Familie Plünne quellen lassen: »Nämlich dieses weiß ein jeder, wärmehaltig ist die Feder.« Also haben wir den Topf in einem Kissengrab versteckt. Es funktioniert fabelhaft, auch wenn man den Topf ins Nebenzimmer tragen muss, weil Kissen in der Küche nicht vorgesehen sind.

Mir ist noch nie ein Gemüsereis angebrannt!

Das mag sein. Ein Gemüsereis wird nicht so trocken gekocht, dass die einzelnen Körnern auseinander fallen. Er wird feucht gegart und bleibt feucht auch auf dem Teller.

Weil man das Gemüse andünstet, mit Bouillon oder Wein aufgießt und dann erst den Reis in den Topf streut. Dort kann er sich mit der Gemüsebouillon voll saugen und quellen, ohne dass er jemals trocken wird.

Sauerkrautrisotto

Sauerkraut, gekocht

1 Hand voll Reis

1 Ingwerwurzel, walnussgroß, in Würfel geschnitten

1 pfälzische Leberwurt (oder eine andere Wurst; alternativ: Fischstücke)

So ist ja wohl auch dein **Sauerkrautrisotto** entstanden.

Genau! Obgleich es kein Carnaroli war, sondern ganz normaler Langkornreis. Da hatte ich diesen Rest Sauerkraut vom Vortag. Das war ziemlich feucht, um nicht zu sagen: suppig.

Du hättest ja auch eine Sauerkrautsuppe davon machen können. Du weißt doch, wie gern ich die esse!

Mach ich beim nächsten Mal. Vom Sauerkraut bleibt immer etwas übrig, weil ich davon bewusst zu große Mengen koche. Die Resteverwertung ist am nächsten Tag manchmal noch leckerer als ein frisch gekochtes Choucroute royal.

Das wusste schon die Witwe Bolte.

Deshalb habe ich einfach eine Hand voll Reis ins Sauerkraut gestreut.

Und eine Hand voll Ingwer!

Nein, so viel war es nicht. Aber das übliche, walnussgroße Stück zerhackte Ingwerwurzel war es schon. Und dann habe ich deine Chorizo gewürfelt und dazu gegeben. Was leider ein Fehler war.

Allerdings. Die Spanier kombinieren sie auch nur mit Fisch oder weißem Fleisch. Gegen ein deutsches Sauerkraut kommt die Paprikawurst nicht an.

Ja, dafür ist Pfälzer Leberwurst besser. Vielleicht wenn ich den Risotto mit Fischbrühe aufgegossen hätte anstelle der Bouillon …

Das probieren wir beim nächsten Mal aus! Aber wir nennen es nicht Risotto. Ein Risotto braucht Rundkornreis und müsste heiß gerührt werden.

Muss er nicht! Und mit Chorizo geht das auch nicht. Wenn schon ein Fischsud, dann gehören ins Sauerkraut auch Fischstücke. Am besten gewürfeltes Dorschfilet. Oder Rasscasse. Natürlich wären auch dein geliebter Hummer oder Garnelen ideal im Sauerkraut. Aber …

Ich weiß, dass du keine Garnelen mehr isst, seit du diesen Film aus Asien gesehen hast. Aber du hast Austern vergessen! Eine Spezialität vom Kammerzell in Straßburg: Sauerkraut mit Austern, auf Vorbestellung.

Das kannst du aber nicht mit einem Sauerkrautreis machen. Dazu gehört Kartoffelpüree!

Oder Sauerkraut pur, ohne Kartoffeln

Das darfst du kochen, wenn ich nicht da bin. Hast du eigentlich nichts zu schreiben?

Sauerkrautrisotto mit Kokosmilch

1 kg Sauerkraut
1 säuerlicher Apfel, geschält und in Stücke geschnitten
Weißwein
Hühnerbouillon
1 TL Wacholderbeeren
1 Lorbeerblatt
1 EL Ingwerwurzel, klein gehackt
Reis
1/4 l Kokosmilch

Doch. Ich muss das Rezept mit der Kokosmilch aufschreiben. Das war wirklich einmalig. **Sauerkrautrisotto mit Kokosmilch,** ein Originalrezept aus Siebecks Küche!

Das ohne meine Mitwirkung nicht entstanden wäre!

Nichts wäre ohne dich entstanden. – Wieder einmal eine gloriose Resteverwertung, deren unerwartete Delikatesse die Frage aufwirft, warum es eine Resteverwertung sein muss. Als Hauptgericht ist dieser Risotto eine kleine Sensation, weil das säuerliche Kraut und die nussig-süße Milch eine zwar ungewohnte, aber hinreißende Kombination ergeben.
Dazu erst einmal 1 kg Sauerkraut kochen, mit einem geschälten und zerteilten, säuerlichem Apfel sowie Weißwein und Hühnerbouillon. Gewürzt wird mit Meersalz, 1 TL Wacholderbeeren, 1 Lorbeerblatt (beides in Gaze einbinden, damit man sie später leicht herausfischen kann) und der üblichen, klein gehackten rohen Ingwerwurzel (1 EL). Nach 2 Stunden Kochzeit ist das Sauerkraut weich, der Apfel wurde zu Mus, und der Ingwer hat hoffentlich eine frische Schärfe ans Kraut und seinen Saft gebracht. Wenn nicht, mit weiterem Ingwer nachhelfen. Nun den Reis in den Topf streuen. Ungefähr so viel, als sollte das Sauerkraut mit einer dünnen Schicht Reis bedeckt sein – wobei das

Kraut auch nicht hoch im Topf liegen, sondern eher flach eingeschichtet sein soll. Durchrühren und 1/4 l Kokosmilch darüber gießen. Es darf aber auch etwas mehr sein, denn Reis und Sauerkraut müssen von Flüssigkeit bedeckt sein. Das Ganze zum Köcheln bringen und zugedeckt bei kleinster Hitze ungefähr 10 Minuten quellen lassen. Dann sollte der Reis fertig sein. Abschließendes Abschmecken ist wie bei allen Gerichten unerlässlich.

Ein untypisches Essen für uns, weil dabei keine pfefferige Schärfe durchschmeckt. Wie zum Beispiel in der ***heißen und scharfen Gemüsesuppe.***

Heiße und scharfe Gemüsesuppe

- Verschiedene Gemüsesorten, klein geschnitten
- Wasser oder Bouillon zum Garen
- Rauchspeck
- Nach Belieben:
- 2 Chili, geschrotet
- Curry
- Meersalz
- Sojasauce
- Lorbeer
- Zitronengras

Dabei handelt es sich um das, was in der klassischen bürgerlichen Küche der Franzosen die »Potage du jour« genannt wird. Das Prinzip ist eher schlicht und anspruchslos: Gemüse werden in Wasser gekocht, durchpassiert und gesalzen. Diese Kargheit erklärt sich aus der früher selbstverständlichen Gewohnheit, gut zu Mittag zu essen. Da brauchte man abends nur noch etwas, das den Magen beruhigt. So schliefen die Bürger ruhig und hatten am nächsten Tag wieder Appetit auf ein gutes Dejeuner.
Wohingegen du keineswegs ein sanftes Süppchen kochst!

Nein, das würdest du auch nicht mögen. Ich nehme alle vorrätigen Gemüse, ausgenommen jede Kohlsorte, schneide sie klein und lasse sie in viel Flüssigkeit garen. Das ist meistens auch nichts anderes als Wasser. Wenn ich aber Bouillon im Haus habe, nehme ich die.

Was für Gemüse können das sein?

Da gibt es keine strenge Regel. Spinat, Sellerie, Karotten, Tomaten, Rübchen, Lauch, Knoblauch, grüne Bohnen, vielleicht auch eine Kartoffel. Und wenn gerade nicht alltägliche Gemüse herumliegen, kommen auch noch in den Topf: Spargel, Zucchini, Kürbis und dergleichen. Es genügen aber auch drei, vier unterschiedliche Sorten. Die werden zusammen mit einem Stück Rauchspeck gekocht bis sie richtig gar sind und dann im Mixer zerkleinert und durchpassiert. Der Speck wird vorher herausgefischt.

Seit wann haben wir einen Mixer?

Ich nehme den elektrischen Schnetzelstab, der schafft das ebenso gut und ist leichter zu reinigen. Danach fängt dann die Arbeit an, das Würzen. Und da du es gern sehr scharf hast, habe ich schon vorher zwei geschrotete Chili mitkochen lassen. Jetzt kommt noch Curry dazu, mindestens ein gehäufter Teelöffel. Meersalz natürlich und etwas Zitronensaft sowie einige Tropfen Sojasauce. In diesem Stadium herrscht die pure Willkür. Vielleicht habe ich eine Stange Zitronengras mitgekocht und ein Lorbeerblatt, die ebenfalls vor dem Pürieren entfernt werden.
Mit dieser ausführlichen Beschreibung einer Banalität, die eine durchpassierte Gemüsesuppe zweifellos ist, will ich ein spezifisches Prinzip des kreativen Kochens betonen: die Freiheit der Wahl. Es kommt fast nie darauf an, starre Regeln zu befolgen. Deshalb kann Kochen kreativ sein. Und deshalb macht es Spaß.

SEHR HEISS ODER NUR HEISS – ODER WIE HEISS?

Wolfram Siebeck: Eine starre Regel lautet: Fleisch muss stets sehr heiß angebraten werden, damit die Poren sich schließen und verhindern, dass der Saft austritt

Barbara Siebeck: *Ein Aberglaube, der von Männern in die Welt gesetzt wurde!*

Wieso schon wieder »von Männern«? Muss alles, was sich als falsch herausstellt, von Männern erfunden worden sein?

Die Geschichte spricht dafür. Denk ans Fernsehen, an die SUV-Automobile ...

Was ist denn daran so falsch?

Sports Utility Vehicles – dass ich nicht lache! Es sind Sprit saufende Angeber-Autos, die von Männern in Slippern gefahren werden.

Und das Fernsehen?

Ich sage nur: Kochsendungen! Bei denen kann doch keine Hausfrau was lernen! Wenn sie wenigstens unterhaltsam wären!

Und warum soll die Regel, Fleisch müsse zunächst scharf angebraten werden, von Männern in die Welt gesetzt worden sein?

Weil das brutale Anbraten dem testosteron-angereicherten Naturell entspricht. Das ist wie Holz hacken oder Rodeo.

Abgesehen von deinen sexistischen Vorwürfen hast du natürlich Recht. Das Eiweiß im Fleisch wird schon bei 65 °C fest. Es besteht also kein Grund, es von außen zu karamellisieren. Nicht einmal beim Niedrigtemperatur-Garen ist das nötig. Obwohl ich eine Lammkeule zuerst rundherum in heißem Öl auf dem Herd anbrate, bevor ich sie bei 70 °C in den Backofen schiebe.

Die zunächst hohe Temperatur ist ja wohl auch vonnöten, um Schalotten, Knoblauch, Sellerie und andere Beilagen gar zu kriegen, nicht wahr?

Das hofft man. Aber in Wahrheit bringt das kurze Anbraten nichts. Schalotten und Knoblauch, und was sonst noch mit dem Fleisch weich werden soll, brauchen die größere Hitze viel länger, um zu garen. Die fünf Minuten auf dem Herd haben auf sie keine Wirkung. Und bei 70 °C im Ofen verändern sie sich nicht. Sie sind nach 3 Stunden noch genau so roh wie am Anfang.

Also muss man sie extra garen?

Genau! Es fallen ja bei einem großen Braten immer Parüren an, wie man Häute und andere Abschnitte nennt. Wenn man die zusammen mit einem Knochen oder Speck auf dem Herd brät, wirken sie für das Bratgemüse wie ein Schrittmacher beim Radrennen. Sie erreichen den gewünschten Garzustand mühelos. Außerdem kann ich sie bei dieser Gelegenheit individuell würzen, bevor ich sie zur Lammkeule gebe.

Das ergibt aber nicht automatisch, den gemüsigen Sumpf, der bei vielen Schmorbraten so köstlich schmeckt und die Bäuche bläht.

Natürlich nicht. Der ist wieder einmal das Resultat sorgfältigen Würzens und des Wissens um die einzelnen Zutaten.

Knoblauch.

Ja, Knoblauch vor allem. Und zwar nicht einzelne abgezählte Zehen, sondern eine vollständige Knolle oder zwei. Die wird flüchtig von den äußeren Häuten befreit und quer in zwei Hälften geschnitten. Mit den Schnittstellen setze ich

sie, gleichzeitig mit den Parüren und anderem Gemüse, ins heiße Öl einer gusseisernen Pfanne. Es wird kräftig gesalzen und gepfeffert, und dann darf das alles zugedeckt vor sich hin schmoren, bis der Pfanneninhalt zu jenem sumpfigen Gemüse geworden ist, das einen Schmorbraten so unvergleichlich macht.

Dazu brauchst du aber auch Karotten und Sellerie!

Alles, was gerade zur Hand ist. Tomaten nicht vergessen! Aber auch eingeweichte Pilze tragen zum Gelingen bei. Und Lorbeerblätter und Rosmarin. Und natürlich ein Glas Rotwein.

Der nicht unbedingt trocken sein muss!

Keineswegs! Er kann ein Madeira sein, ein Portwein, ein Mauri oder auch ein süßer Sherry. Gleichzeitig kann 1 EL Balsamico nicht schaden. Es ist die richtige Hexenküche.

Aber ohne Fledermäuse und Salamander.

Jedenfalls kann ein Amateur auf dem Herd in aller Ruhe ein wunderbares Schmorgemüse herstellen, während der Braten bei 70 °C im Ofen liegt und sich scheinbar nicht verändert. Ich bilde mir ein, dass er es gerne hat, wenn ich ihn alle 1 1/2 Stunden herumdrehe. Dabei fahre ich mit dem Finger über seine feuchte Seite und kontrolliere die Würzung. Ein großes Stück Fleisch lässt sich praktisch nicht versalzen oder verpfeffern. Dieses Schicksal erleidet schlimmstenfalls die Sauce. Aber irgendwann kommen ja auch noch Kartoffeln ins Spiel oder Nudeln, und dann sieht alles wieder anders aus.

Seit wir die Niedrigtemperatur-Garmethode praktizieren, machst du die ***gefüllte Lammkeule*** *überhaupt nicht mehr, was sehr schade ist. Schließlich ist es deine Erfindung.*

Ob sie es wirklich ist, weiß niemand. Aber sie schmeckt hervorragend. Ich koche sie deshalb kaum noch, weil mir das Nähen und Binden zu lästig ist.

Ich erinnere mich, dass du ständig darauf hinweist, wie mühsam die gute Küche ist, dass sie ohne ein bisschen Mehrarbeit nicht zu erreichen ist.

Sicher, sicher. Im Mittelalter haben die Mönche die Gläubigen zum Fasten ermahnt, aber wenn die Zeit gekommen war, haben sie einen Schinken einen Fisch genannt.

Du bist kein Mönch, und wir leben nicht im Mittelalter. Also füll eine Lammkeule!

Die lasse ich mir vom Metzger so entbeinen, dass sie keine Knochen mehr enthält. Dabei muss er darauf achten, sie nicht völlig auseinander zu säbeln.

Gefüllte Lammkeule

1 Lammkeule, entbeint

Füllung:

Ca. 300 g Schafskäse (Feta)

Olivenöl

2 Knoblauchzehen

Rosmarinpulver

Salz, Pfeffer

Zum Mitschmoren:

1 Tomate

Lauch

Sellerie

Zum Schluss:

Süße Sahne

Cayennepfeffer

Die dazu notwendige chirurgische Technik wird in deutschen Berufsschulen leider nicht mehr gelehrt. Also brauche ich einen älteren Metzgermeister. Was ich sonst noch brauche ist die Füllung. Die besteht vor allem aus weißem Schafskäse. Am verbreitetsten ist Fetakäse aus Griechenland, auch wenn er manchmal aus Dänemark stammt und Kuhkäse ist.

Wir haben diese Keule auch schon mit Ziegenkäse gefüllt. Auf dem Markt in Dieulefit war dieser Ziegenzüchter, der uns einen sehr aromatischen Ziegenfrischkäse zu probieren gab. Davon hast du dann so viel gekauft, dass es für zwei Lammkeulen gereicht hätte. Das ist auch eine Spezialität von dir: zu große Mengen, zu große Stücke.

Ich war schließlich ein Kriegskind, bin in Mangelzeiten groß geworden. Das prägt fürs ganze Leben.

Merkwürdigerweise sind es aber immer nur Delikatessen, von denen du zu viel kaufst. Bei Kartoffeln und Rüben bist du eher zurückhaltend.

Ich danke dir, dass du meine Weinkäufe hier nicht zur Sprache bringst. Der frische Ziegenkäse damals, das war nur eine Abwechslung vom üblichen Feta. Zubereitet haben wir die Füllung wie immer: Den Käse – ungefähr 300 g – mit Olivenöl befeuchten, mit einer Gabel zerdrücken, zwei Zehen Knoblauch durchpressen und Rosmarinpulver untermischen. Dann grober schwarzer Pfeffer und nicht zu wenig Salz in den Käse einarbeiten. Jetzt wird die Masse

abgeschmeckt und damit werden die Spalten und Hohlräume der Keule gefüllt. Dann kommt die blöde Näherei.

Die fast immer ich übernommen habe. Obwohl ich dafür auch nicht gerade prädestiniert bin.

Richtig! Die fehlenden Knöpfe an meinen Hemden und Hosen beweisen es.

Um so mehr solltest du anerkennen, dass ich dir das Nähen und Binden abgenommen habe.

Ja, es war immer eine richtige Entbindung.

Die findet erst statt, wenn die Keule im Ofen 200 °C ertragen hat und gar ist. Mit im Ofen waren eine große Tomate, Lauch, Sellerie und, wenn es gewünscht wurde, mehrere ungeschälte Knoblauchzehen.

Trotzdem hat die Verschnürung nie gehalten. Durch die Hitze verformt sich das Fleisch, und etwas von der Füllung findet den Weg ins Freie. Aber das war eher von Vorteil für die Sauce. Zusätzlich haben wir abschließend immer noch etwas Sahne angegossen und mit Cayenne nachgewürzt

Ja, die Sauce schmeckt dann so sensationell, dass wir dazu Bandnudeln gegessen haben, für die normalerweise keine Sauce kräftig genug sein kann.

Dass Lammfleisch die Spitzenposition bei der Beliebtheit von Produkten eingenommen hat, überrascht nicht, denn es gibt nach meiner Meinung nichts Feineres. Ich bedauere lediglich, dass Hammelfleisch vom Markt verschwunden ist.

Hammel ist doch genau das, was Lammfleisch bei deutschen Konsumenten so unbeliebt gemacht hat – damals, als sie anfingen, nach dem guten Essen zu gieren.

Richtig, es war teilweise verständlich, weil bei uns nur alte Schafe und Böcke den Weg zum Metzger geschafft haben. So ein alter Bock stinkt ja wirklich zum Himmel. Daher wollten und wollten die Deutschen nicht erkennen, was Lammfleisch für eine Delikatesse ist. Heute ist es umgekehrt: Wer Hammelfleisch sucht, sucht vergeblich.

Warum sollte jemand nach Hammelfleisch suchen, wenn er kein Beduine ist?

Irish Stew

200 g Hammelfleisch (Schulter oder Nacken), grob gewürfelt
1 großer Weißkohl
6 große Kartoffeln
Kümmel
Einige Zweige frischer Thymian
Salz, Pfeffer
1 Karotte, klein gehackt
1 Stange Lauch, in Scheiben geschnitten
Bouillon

Weil er, wie ich, gern ein anständiges **Irish Stew** essen möchte. Dazu braucht man nun mal ein herzhaft schmeckendes Hammelfleisch. Nicht gerade vom Methusalem der Hammel, aber ein junges Lamm ist dafür zu harmlos.

Willst du jetzt das Ende des Jugendkults einläuten?

Nicht nur in diesem einen Fall. Auch das so beliebte und teure Fleisch vom Milchlamm ist überschätzt. Babys schmecken nun mal nach nichts, egal ob vom Schaf oder vom Huhn.

Du meinst das Stubenküken?

Fad und blass. Kein Wunder, dass es ziemlich aus der Mode gekommen ist. Zusammen mit Babykarotten und anderen unterentwickelten Lolitas aus dem Gemüsegarten.

Geht's vielleicht auch ohne Generationenkonflikt?

Schon, aber nicht ohne Kümmel. Der gehört nämlich auch ins Irish Stew und ist immer ein Indiz dafür, dass da etwas schwer verdaulich ist. Deshalb essen die Elsässer den Münsterkäse mit Kümmel.

Und was ist in dem irischen Schmortopf weniger verdaulich als in einem Bohneneintopf aus Toulouse, der bekanntlich ohne Kümmel auf den Tisch kommt?

Schwere Frage. Tatsächlich kann einem ein Cassoulet schwer den Schlaf rauben. Es schmeckt zwar hinreißend, aber um es zu verdauen, muss man in Südfrankreich geboren sein.

Und was ist mit dem von dir so verabscheuten Grünkohl? Da ist doch auch kein Kümmel drin.

Richtig, aber die schlauen Niedersachsen trinken dazu Kümmelschnaps!
So haben sie die Jahrhunderte und eben so viele Grünkohlernten überlebt.

Und warum soll man ein Irish Stew essen? Als Überlebenstraining?

Weil es so lecker ist. Und der Kümmel ist eigentlich kaum noch nötig. Denn der war als Gegenmittel gegen altes Hammelfett gedacht. Doch das gerät nicht mehr so ohne weiteres in den Eintopf.
Ich brauche pro Person 200 g Hammelfleisch vom Nacken oder von der Schulter, ohne Knochen. Das wird grob gewürfelt, das Fett aber dran gelassen. Außerdem gehört ins Stew ein großer Weißkohl (ich rechne mit vier bis sechs Personen), sowie 6 große Kartoffeln. Vom Weißkohl die Blätter lösen, die Strünke herausschneiden und alles in zirka 5 cm lange Streifen schneiden. Den Kohl 5 Minuten in sprudelnd kochendem Salzwasser blanchieren. Herausnehmen, abtropfen lassen und auf den Boden eines gut schließbaren Schmortopfs eine Schicht Kohl platzieren. Salzen,

pfeffern und mit Kümmel bestreuen. Darauf eine Schicht Fleischwürfel legen, salzen, und darauf eine weitere Schicht Kohlblätter. Wieder würzen wie gehabt, diesmal einige Zweige frischen Thymian dazugeben. Nach diesem Prinzip weitere Schichten Fleisch und Kohl einlegen, bis man glaubt, man habe die komplette schwäbische Weißkohlernte im Topf. Das sieht aber nur so aus. Nach 1 1/2 Stunden ist der Kohl so zusammengefallen, dass man sich vornimmt, beim nächsten Mal eineinhalb Kohlköpfe zu verbrauchen!
Zur Verfeinerung des Eintopfs (sagen wir: zu seiner Verbesserung) habe ich in die Mitte des Topfes eine klein gehackte Karotte und eine in Scheiben geschnittene Lauchstange gestopft. Nun wird das alles mit heißer Bouillon aufgegossen und zugedeckt auf dem Herd eine Stunde sanft gekocht. Erst dann drücke ich die geschälten und grob gewürfelten Kartoffeln ins Gemüse und lasse noch einmal 30 Minuten kochen, bis sie gar sind.

Das ist der Zeitpunkt, an dem ich die Fenster öffne, denn das Stew duftet ziemlich stark.

Das hat es mit anderen Deftigkeiten gemeinsam. Denk an den Bratenduft von Gans und Ente. Schließlich soll es ja ausdrücklich Hammelfleisch sein und kein Lamm. Problematisch kann höchstens das oben schwimmende Fett sein. Hatte der Hammel viel davon unter der Haut, so sollte es abgeschöpft oder abgegossen werden. Insgesamt ist dieses Irish Stew ein eher suppiges Gericht und schmeckt nicht nur in der kalten Jahreszeit.

Sollte man dazu nicht lieber auch Kümmelschnaps trinken?

Es gibt für jede Dummheit eine Ausrede.

Nenn mir eine für das Kochen von Irish Stew!

Man kocht es, weil man es schon einmal gegessen hat und den Genuss wiederholen möchte. – Mit einem Wort, wir haben es hier mit einem unvergleichlichen Essen zu tun, mit einem »highlight«, wie es die Sprachverhunzer unserer Tage nennen.

Seit wann liest du denn Frauenmagazine?

Wenn sie schon hier rumliegen und Geld gekostet haben …

Wie du!

Wieso ich? Ich stehe mit dir in der Küche.

Dann dürfte der Liegestuhl im Garten jetzt leer sein.

Sofern Frau Hoffmann nicht drin liegt.

Die arme Katze. Sie weiß, dass keine Hühnerlebern im Haus sind.

Warum frisst sie wohl keine Kaninchenleber?

Weil die nicht gekocht ist, nehme ich an. Im Rohzustand ist sie unbekömmlich.

Recht hat sie. Man sollte Fleisch immer kochen. Aber wer tut das schon? Ein saftiges Rinderfilet will der Mensch sofort ins heiße Fett werfen, anstatt es in siedende Bouillon zu hängen. Boeuf à la ficelle ist hierzulande unbekannt.

Wie die ***gekochten Kaninchenkeulen,*** *die es gestern gab.*

Ein ebenso göttliches wie einfaches Essen! Kaninchenkeulen, Champignons und Kartoffeln – mehr nicht.

Du hast den Chardonnay von Rebholz vergessen. Den würde ich nicht als einfach bezeichnen.

Schon gut. Aber pro Person eine Keule in eine köchelnde und kräftige gewürzte Gemüsebrühe zu legen, ist nun mal einfach.

Ja, die Mühe hatte ich, als ich das Fleisch der Keulen abfieseln musste.

Gekochte Kaninchenkeulen

1 Kaninchenkeulen pro Person
500 g Champignons, in Würfel geschnitten
500 g Kartoffeln, in Würfel geschnitten
1 großes Weinglas trockener Sherry
Butter zum Anbraten der Kartoffeln
Zitronensaft
Süße Sahne
Salz, Pfeffer

Ist doch keine schweißtreibende Arbeit!

Aber sehr verantwortungsvoll. Erstens darf kein Knochensplitter ins Essen geraten, und zweitens müssen alle Muskelenden kontrolliert und eventuell abgeschnitten werden. Denn an den Fleischspitzen beginnen die Sehnen. Und die dürfen auf keinen Fall mit ins Essen.

Ich habe währenddessen 500 g Champignons geputzt und gewürfelt. Das heißt also, die Stiele herausgedreht und die Pilzhüte mit Krepppapier abgewischt. Die Würfel müssen gleichmäßig groß sein; so groß wie die Kartoffelwürfel, die auch noch geschnitten werden, bevor sie im Salzwasser gar gekocht werden.

Wobei nicht verschwiegen werden darf, dass Kartoffeln kochen den Gipfel der Kochkunst darstellt.

Gleichzeitig müssen die Champignonwürfel präpariert werden. Und dazu braucht es Fingerspitzengefühl.

Vor allem viel Sherry, wenn ich mich recht erinnere.

Ja, das ist der Trick bei diesem Kaninchenfleisch. Es braucht ein dominierendes Aroma. Das ist der Sherry, und der gelangt mit den Champignons ins Essen. Und in den Champignons, beziehungsweise dazwischen, liegen die Kartoffelwürfel. Kleine Würfel, nicht größer als die Pilzwürfel. Diese wiederum habe ich in reichlich Butter angebraten, kräftig gesalzen und mit trockenem Sherry abgelöscht.

Viel Sherry!

Richtig, der soll ja auch noch einkochen, damit einerseits der Alkohol verdunstet, sich gleichzeitig aber sein Geschmack verstärkt. Denn es kommen ja noch die garen Kartoffelwürfel dazu. Die habe ich zwar vorher gesalzen, aber sie nehmen den Pilzen doch viel von ihrem Aroma weg. An dieser Stelle kann von Kochkunst tatsächlich die Rede sein. Vorausgesetzt, die Mengen sind richtig abgemessen.

Und zwar?

Die gleiche Menge Champignons wie Kartoffelwürfel. Und zwar nicht nach Gramm gemessen, sondern nach Volumen. Also vielleicht zwei Tassen von jeder Sorte, geputzt und gewürfelt. Aber wie gesagt, die Zubereitung der Champignons ist entscheidend. Außer Sherry werden sie noch mit Zitronensaft abgeschmeckt und schließlich mit Sahne aufgegossen. Salz und Pfeffer ist selbstverständlich. Dann kommen die Kartoffeln dazu, und es muss immer noch sehr aromatisch schmecken. Das ist Kunst!

Du hast das abgefieselte Kaninchenfleisch vergessen, das ja auch noch untergemischt wird …

… und den Champignons nichts von ihrem Wohlgeschmack nehmen darf. Das ist es, darauf kommt es an. Dazu bedarf es einer feinen Zunge.

Vorhin war es Fingerspitzengefühl.

Man braucht beides. Wie beim Wein: Um die Flasche zu öffnen, brauchst du deine Finger, um den Wein zu genießen, deine Zunge.

Das ist wieder typisch. Jede Köchin hätte das Beispiel am Salz deutlich gemacht: eine Prise mit den Fingerspitzen und an der Zunge, welche die Sauce abschmeckt. Du aber landest zwanghaft beim Wein.

Ich brauche doch eine Überleitung zu Sorten und Menge: vom Sherry brauche ich ein großes Weinglas voll, zum Essen trinke ich den erwähnten Pfälzer Chardonnay von Rebholz.

Und zwar mehr als nur ein Glas voll.

So sei es.

LACHS, MUSCHELN – UND DIE AUSSICHT AUF EIN SUPPENHUHN

Wolfram Siebeck: In der Küche ist es nicht anders als in der Wissenschaft: Viele Erfindungen werden zufällig gemacht, unbeabsichtigt. Man muss sich das nicht so vorstellen, dass ein Koch sich vorgenommen hatte, ein weiches Ei ohne Schale herzustellen und dann tage- oder Jahrelang experimentiert hat, bis das Œuf poché erfunden wurde.
Viel wahrscheinlicher war es ein Lehrling, dem ein aufgeschlagenen Ei in kochendes Wasser gefallen war und der verzweifelt versuchte, den Schaden zu beheben, indem er mit einem großen Löffel nach dem fest werdenen Eiweiß fischte.

Gedämpftes Lachsfilet

1 großes Lachsfilet

Verschiedene Gemüse nach Belieben, in Stücke und Streifen geschnitten

Barbara Siebeck: *Die Technik für mein* ***Lachsfilet*** *verdanke ich auch meiner Dusseligkeit.*

Eine geniale Dusseligkeit!

Danke! Ich hatte dieses schöne Lachsfilet zum Braten vorgesehen. Ganz sanft, natürlich, nicht bräunendes Braten. Es lag neben dem Herd, roh, gleichmäßig dick, und gleichmäßig rot, ein Prachtstück. Zuvor hatte ich in einer Kasserolle so eine Art Wok-Gemüse zusammengerührt, also Lauch, Frühlingszwiebeln, Zucchini und Paprikastreifen.

Kein Fenchel dabei?

Wahrscheinlich auch in Streifen geschnittener Fenchel. Was gerade im Haus war. Dieses Gemüse war also fertig gewürzt und gegart. Ich nahm die Kasserolle vom Herd und griff zum Lachs. In diesem Moment klingelte es unten an der Tür. Ich hatte den ganzen Morgen auf den Elektriker gewartet – das würde er sein. Ich griff zum Deckel der Kasserolle und gleichzeitig zum Fisch. Den legte ich auf das heiße Gemüse und den Deckel drauf. Dann rannte ich nach unten. Es war tatsächlich der Elektriker. Ich erklärte ihm, was er zu tun habe, wir plauderten noch über dies und das – und mein Essen war vergessen. Mehr als eine halbe Stunde war vergangen, als ich wieder in der Küche stand und den Deckel der inzwischen abgekühlten Kasserolle hob. Da lag das Lachfilet und war durch und durch rot, aber nicht mehr roh! Es war wie ein Stück Fleisch mit Hilfe der Langzeit-Garmethode in einen einmaligen, idealen Zustand verwandelt worden.

Logisch. Warum sollte beim Fisch nicht gelingen, was beim Fleisch so wunderbare Resultate erzielt?

Wenn es so logisch ist, hättest du ja selber draufkommen können! Den so empfindlichen Fisch über eine halbe Stunde der Hitze aussetzen! Das ruiniert selbst einen Walfisch.

Gott sei Dank passt der nicht in unsere Küche. Der Witz bei deiner Erfindung war ja, dass der Topf nicht mehr auf der Heizplatte stand, sein Inhalt sich also schnell bis unter 70 °C abkühlte.

Aber wiederum durch den Deckel nicht völlig auskühlte. Es ist ein Dünsten ohne Feuer. Wie Garen im Dampf, nur besser, weil ja auch der Wasserdampf sehr heiß ist. Fast alle meine Fischgerichte entstehen seitdem so.

Und werden wunderbar! Nur zum Braten muss man anders vorgehen.

Wann braten wir schon mal einen Fisch? Außer Sardinen, meine ich.

Meine **Jakobsmuscheln** sind auch nicht schlecht, wie du zugeben musst.

Die Version mit Speck? Ja, die sind erstaunlich lecker.

Was ist erstaunlich dabei, da ich sie doch brate?

Weil ich Jakobsmuscheln für ein vertracktes Produkt halte. Sie schmecken nach rein gar nichts. Am lächerlichsten sind sie als Sashimi, in dünne Scheiben geschnitten und nur mit Salz und Pfeffer bestreut, wie sie die Etepetetekköche gern servieren.

Wenn da aber noch schwarze Trüffelscheiben drauf liegen und Olivenöl drumrum …

Ja, gut. Das findest du im Dreisterne-Restaurant. Dort würdest du deine Speckmuscheln aber vergeblich suchen.

Obwohl sie auch dort Furore machen würden. Ich nehme aber an, dass die Köche nicht an den richtigen Speck kommen.

Wie den vom Urbanek?

Ja, der ist Tiroler und verkauft in seiner Feinkosthütte auf dem Wiener Naschmarkt den denkbar besten Speck: sehr fett, nur leichter Rauchgeschmack und schon roh gegessen ein seltener Genuss.

Ich mag keinen rohen Speck. Auch nicht mit Kren, wie unsere Wiener Freunde sagen, wenn sie Meerrettich meinen.

Aber zu den Jakobsmuscheln magst du ihn!

Ja, da ist er ja auch gebraten. Außerdem verhilft er den Muscheln endlich zu einem kräftigen Geschmack, den sie sonst nicht auf die Beine bringen.

Das liegt doch nur am Koch. Wer sich vor Pfeffer und Salz fürchtet, bei dem schmeckt immer alles fad.

Bei deiner Version ist aber mehr dran als nur Pfeffer und Salz, wenn ich nicht irre?

Jakobsmuscheln mit Speck

Jakobsmuscheln, halbiert
Speck, in Würfel geschnitten
Öl zum Anbraten
Cayennepfeffer
Himalayasalz
1 kleines Glas halbtrockenen Weißwein
2 TL Oyster Sauce
Eventuell Pastis zum Abschmecken

Sicher, trotzdem ist der Speck das Wichtigste. Von seiner oberen, harten Seite schneide ich einige Millimeter ab. Sodann den fetten Teil in Scheiben. Die wiederum in Streifen, dann werden sie gewürfelt.

Aber nicht so winzige Würfel wie bei Schalotten.

Natürlich nicht. Sie dürfen auch beim Anbraten nicht schrumpfen oder gar knusprig werden. Sie sollen ihre Form behalten und glasig sein, mehr nicht.

Mit anderen Worten: auf schwacher Hitze auslassen. Was ja in fast allen Fällen vorzuziehen ist. Knusprig gebratener Speck zeugt von mangelndem Feingefühl des Kochs. Siehe Carbonara.

Genau! Wenn in den Spaghetti Carbonara der Speck knusprig ist – und das ist fast immer der Fall – steht da jemand in der Küche, der die Feinheiten des Kochens noch nicht entdeckt hat.

Ist dasselbe wie knusprig gebratene Rinderfilets oder Kalbsleber.

Kalbsleber lässt sich nicht knusprig braten, die verbrennt sofort von außen. Wenn etwas unsere Küche verlässt und es ist knusprig, dann ist es nicht gebraten, sondern gebacken.

Da bist du unerbittlich. Im Hotel lässt du demonstrativ den knusprigen Frühstücksspeck zum Spiegelei liegen. Im Gegensatz zu vielen Menschen, die ihn gerade deshalb lieben.

Viele Menschen lieben auch McDonald's. Ich nicht.

Was also machst du noch mit dem nicht knusprig gebratenen, sondern nur in Öl glasig gewordenen Speckwürfeln?

Sobald die Würfel durchsichtig geworden sind, bestäube ich sie mit Cayenne und salze mit Himalayasalz. Dann gieße ich etwas halbtrockenen Weißwein dazu – nicht viel, vielleicht ein kleines Weinglas – und lasse alles durchkochen. Dann gebe ich 2 TL asiatische Oyster Sauce dazu und schmecke ab. Es muss stark salzig und sehr scharf schmecken. Nun brate ich die Jakobsmuscheln in heißem Öl.

Etwa mit der Schale?

Jakobsmuscheln haben eine riesige Schale, nach der die Firma Shell ihr Logo geformt hat. Die hat im Kochtopf nichts verloren. Vernünftigerweise werden deshalb die Muscheln fertig ausgelöst verkauft.

In diesem Zustand sehen sie aber nicht verführerisch aus, eher grau. Lediglich das rote Corail bringt etwas Farbe ins Essen.

Dabei handelt es sich um das, was beim Fisch der Rogen ist. Es wird vom Muschelfleisch abgetrennt. Überhaupt sollte man sie nicht einfach so in die Pfanne legen. Das Corail teile ich in seine rote und die weiße Hälfte. Das Muschelfleisch selbst sieht aus wie ein Türstopper; auch das wird unter fließendem Wasser gereinigt und abschließend halbiert. Muschelfleisch und Corail kommen dann in eine kleine Pfanne ins heiße Öl. Schnell salzen und mit Cayenne pfeffern. Durcheinander schwenken und zum Speck in die erste Pfanne geben, durchrühren und abschmecken. Vielleicht gebe ich einen Fingerhut voll Pastis hinzu, wie Pernod, Ricard oder sonst einen Anisschnaps. Aber nur wenn der Speck mit dem Muschelsaft noch nicht die gewünschte Delikatesse haben sollte. Sein Aroma muss ja ausreichen, um eine kleine Portion Capellini in ein großartiges Zwischengericht zu verwandeln.

Ohne zusätzliche Sauce und ohne Parmesan?

Um Gottes willen, bloß sowas nicht! Zusätzliche Aromen würden die Speckmuscheln nur banalisieren!

Also könnte man dieses Gericht auch Spaghettini alle vongole nennen?

Eben nicht, das verbietet der Speck. Überdies sind Jakobsmuscheln nicht mit den kleinen Müschelchen zu vergleichen, die den Sand ins Essen schmuggeln.

Schmugglerkönig sind nach meiner Erfahrung Pilze. Frische Pfifferlinge bringen mehr Sand in die Pfanne als kleine Kinder in den Hausflur.

Nicht nur frische Pilze. Getrocknete Steinpilze wirken wie ein Sandsturm in

Marokko; Morcheln wie bei Paris–Dakar mitgefahren. Aber Pilze kann der gute Speck unglaublich veredeln: Ich behandele ihn wie bei den Jakobsmuscheln, also sehr behutsam glasig werden lassen. Die geringe Temperatur verträgt sogar 1 EL Butter, die ich auch noch in die Pfanne gebe. Dann, kurz bevor die Butter braun werden will, kommen die gesäuberten Pilze dazu. Sofort salzen und pfeffern. Getrocknete Steinpilze halten das am längsten aus. Auch frische Pfifferlinge unterziehen sich dieser Speckkur willig. Aber sie verlangen wie alle frischen Pilze etwas Zitronensaft.

Wie wäre es denn mit einem zusätzlichen Guss Trüffelöl zur Verstärkung des Aromas?

Eine gute Idee! Passt immer. Allerdings wirkt Trüffelöl auf die Dauer penetrant. Wie Maggi oder Ketchup.

Oder wie Sojasauce, nicht wahr? Die benutzt du ja ziemlich skrupellos.

Wer sich sklavisch an Prinzipien und feste Regeln hält, ist zwar ein solider Koch, wird aber nie etwas Aufregendes auf den Tisch bringen. Dogmen sind dazu da, über den Haufen geworfen zu werden.

Na dann wirf mal. Ich habe einen Bund Sauerampfer vom Markt mitgebracht.

Hallelujah! Daraus machen wir eine wunderbare Sauce zu den Jakobsmuscheln.

Zu den Muscheln mit Speck? Normalerweise ist Sauerampfersauce die klassische Zutat für ein Lachssteak. Die Gebrüder Troisgros sind damit berühmt geworden.

Da sieht man, wie wenig es braucht, um als Koch berühmt zu werden!

Bist du neidisch? Die haben immerhin noch andere Sachen erfunden und drei Michelinsterne für ihr Bahnhofsrestaurant in Roanne gekriegt.

Warum erzählst du mir das? Wir waren schließlich gemeinsam da – mehrmals.

Dann mach also eine Sauerampfersauce à la Gebrüder Troisgros.

Da müsste ich erst in ihrem Kochbuch nachlesen. Aber natürlich geht das auch so. Eine **Sauerampfersauce** ist ja kein Kunststück.

Sauerampfersauce

Sauerampfer, gründlich gewaschen und sehr fein gehackt
Bouillon (Fischfond)
Salz, Pfeffer
Süße Sahne
1 TL Meerrettich

Also?

Den Sauerampfer zuerst gründlich waschen. Nicht selten wächst der nämlich noch unter freiem Himmel und ist die Lieblingsspeise von gewissen Raupen. Dann mit dem Kochmesser sehr fein hacken.

Vorher soltest du aber eine gründliche Nachlese machen. Es gibt so viel Grünzeugs, das genau so aussieht wie Sauerampfer, aber für eine Sauce nichts taugt.

Das ist natürlich ein wesentlicher Einwand. Dabei fällt mir ein: Was ist das: Sieht aus wie ein Amerikaner, redet wie ein …

Hör auf! Du willst doch jetzt keine Witze erzählen? Mach deine Sauce und fertig!

Schon gut. Also den gewaschenen und fein gehackten Sauerampfer in eine heiße Pfanne geben und mit etwas Bouillon aufgießen.

Hühnerbouillon? Oder Fischfond?

Fischfond, wenn möglich. Geht aber auch mit Bouillon. Also aufgießen und kochen lassen, bis die grüne Pampe weich ist. Durch ein Sieb in eine zweite Pfanne drücken, dabei mit dem Rücken einer Kelle nachhelfen. Salzen und pfeffern, weiteren Fischfond angießen und auch etwas Sahne. Die Menge richtet sich nach der Sämigkeit der grünen Sauce. Die also gegebenenfalls reduzieren und weitere Sahne angießen. Nachsalzen wird nötig sein. Als Clou des Ganzen nehme ich nun 1 TL Meerrettich und rühre ihn unter die Sauce.

Warum das?

Sauerampfer allein schmeckt wie Petersilie zunächst nur grün. Erst durch zusätzliche Aromen bekommt die Sauce Pfiff.

Aber Sauerampfer ist doch von Natur aus sauer! Sonst hieße er vielleicht einfach nur Grünampfer.

Das ist zum Teil richtig. Der Sauerampfer, den wir beim Gärtner kaufen, ist nicht in freier Wildbahn groß geworden. Er hat die ganze hygienische Pharma-Erziehung hinter sich bringen müssen. Dabei geht als erstes der säuerliche Geschmack verloren. Es ist das alte Agrar-Gesetz: Produkte, die künstlich ernährt und geschützt aufgewachsen sind, verlieren mehr oder weniger von ihrem Eigengeschmack. Also ist Nachhilfe nötig.

Dafür also der Rettich? – Ja, kann ich mir vorstellen. Allerdings frischen wie ich hoffe!

Nein, keinen frischen Meerrettich. Du weißt selber, dass es ihn nicht immer gibt. Außerdem existiert er in mehreren Variationen. Von mild bis scharf. Der Sahnerettich im Glas ist zwar nur ein Ersatz, aber er ist brauchbar.

Ich habe übrigens ein großes Suppenhuhn vom Markt mitgebracht.

Ich danke dir, du Freude meiner alten Tage! Am Suppenhuhn erkenne ich die kluge Köchin, die die Enten und Fasanen den gierigen Besserverdienern überlässt, selbst aber zielsicher nach dem klassischen Geflügel der Feinschmecker greift. Das Huhn am Sonntag war seit Henri IV. immer ein Suppenhuhn. Deshalb wurde er vom Volk »Der gute König« genannt.

Ich dachte, wir kochen mal wieder ein Hühnercurry.

Was heißt »wir«? Das Huhn kochst du sowieso und den Rest dann auch. Ich habe es schon so lange nicht mehr gemacht, dass ich mir deinen Rat holen müsste.

Wär' auch bei anderen Dingen ganz nützlich.

Was soll das heißen? Willst du mich beraten, wenn ich mir einen neuen Schlips kaufe?

Vielleicht genügte es zu verhindern, dass du dir einen neuen Schlips kaufst.

Was ist mit den Champignons, die hier rumstehen? Machst du einen **Champignonsalat** als Vorspeise?

Mach du doch. Ich hab' mit dem Huhn genug zu tun. Champignons mit Walnüssen passen immer.

Nein, diesmal ohne Nüsse. Ich säubere 500 g ganz frische Champignons, indem ich sie mit Küchenkrepp abwische, und schneide sie in dünne Scheiben. Dann mische ich eine Vinaigrette aus Olivenöl, Nussöl, Zitronensaft, Sahne, Estragonsenf, kalte Hühnerbrühe, Salz und Pfeffer zusammen. Da hinein kommen auch ein Bund Petersilie, die ich zusammen mit zwei Zehen Knoblauch fein hacke. Von dieser Sauce halte ich den größten Teil zurück. Den Rest vermische ich mit Butter: Damit wird getoastetes Weißbrot bestrichen und zum Salat serviert. Die Vinaigrette ist sämig geworden und kriegt die Champignons untergerührt. Sofort servieren, weil die rohen Pilze auf die Dauer schlapp werden.

Champignonsalat

500 g Champignons, in dünne Scheiben geschnitten

Vinaigrette:
Olivenöl
Nussöl
Zitronensaft
Süße Sahne
Estragonsenf
Hühnerbrühe, kalt
Salz, Pfeffer
1 Bund Petersilie, fein gehackt
2 Knoblauchzehen, fein gehackt

Wie du, wenn du meinen Hühnercurry isst.

Ach, dein schönes Curryhuhn!

ENDLICH GIBT'S AUCH WAS SÜSSES!

Hühnercurry

1 Suppenhuhn
(alternativ: 1 Poularde
Suppengemüse (Lauch, Karotte, Sellerie, 2 Schalotten, 2 Lorbeerblätter, 10 Pfefferkörner, Knoblauchzehen, Petersilienwurzel, 1 Zweig frischer Thymian)
Grobes Salz
1/4 l süße Sahne
1 EL Currypulver
1/2 Apfel, geschält (alternativ: 1 Hand voll eingeweichte Rosinen)
Salz, Pfeffer

Barbara Siebeck: *Was du Curryhuhn nennst, nenne ich lieber Hühnercurry. Denn es gibt auch einen Curry vom Lamm, vom Fisch und andere Currys. Außerdem ist Hühnercurry die wörtliche Übersetzung aus dem Englischen. Und die Engländer haben den Curry ja in Europa bekannt gemacht.*

Wolfram Siebeck: Du sprichst jetzt von dem gelben Pulver in den kleinen Gläschen, nicht wahr?

Nein. Das ist eine Gewürzmischung, die zwar Curry heißt. Sie existiert aber auch als Paste, in den Farben gelb und grün. Mit Curry bezeichnen die Engländer – und wahrscheinlich auch die Inder, aus deren Küche die Currygerichte ja stammen – ein Gericht aus Fleisch, Fisch oder Gemüse mit einer möglichst frisch zusammengestellten Gewürzmischung namens Masala. Und die kann aus vielem bestehen, zum Beispiel aus Chili, Koriander, Ingwer, Nelken, Kardamom und so weiter.

Also ein scharf gewürztes Essen.

Wahrscheinlich gibt es Ausnahmen. Wie beim Gulasch, das ja scharf gekocht wird, aber auch in einer sahnig-milden Version existiert.

Dein Hühnercurry ist jedenfalls schön scharf.

Ja, weil es für die Köchin am Tisch nicht witzig ist, wenn der ihr gegenübersitzende Mann nach der Pfeffermühle ruft.

Und kommt sie, die Pfeffermühle?

Wenn du rufst, kommt nicht einmal die Katze.

Frau Hoffmann ist ja auch keine Mühle, sondern eine verwöhnte Katze, die, wenn ich das einmal sagen darf, auch dein Hühnercurry nicht anrührt.

Du hingegen isst immer zu viel davon.

Ist ja auch zu lecker. Also wie machst du es?

Ich kaufe ein Huhn. Mit Vorliebe ein Suppenhuhn, wenn es nicht zu mager ist. Eine schöne Poularde tut es natürlich auch. Das Huhn setze ich in kaltem Wasser auf, bis es sprudelnd kocht. Ich warte 5 bis 10 Minuten, bis sich Schaum auf der Oberfläche bildet. Dann gieße ich das Wasser weg und setze den Vogel noch einmal mit kaltem Wasser auf. Gleichzeitig kommen die üblichen Suppengemüse in den Topf

Woraus bestehen diese üblichen Suppengemüse?

Das weiß doch jedes Kind.

Na ja, unsere Kinder vielleicht. Denen hast du es ja auch eingetrichtert wie Lebertran.

Zunächst einmal eine halbe Stange Lauch, gewaschen und klein geschnitten. Dann eine große Karotte, ebenfalls klein geschnitten. Ein Stück Sellerie, zwei geschälte halbierte Schalotten, zwei Lorbeerblätter, zehn Pfefferkörner, Knoblauchzehen wenn gewünscht, eine geschälte Petersilienwurzel, auf die man aber auch verzichten kann, sowie ein Zweig Thymian. 1 EL grobes Salz kommt auch noch ins Kochwasser.

Das sind doch die Zutaten für jede Art von Fleischbrühe! Und wo bleibt der Curry?

Nur Geduld. Erst einmal muss das Huhn gar werden. Dabei ist wichtig, dass es nie mehr richtig kocht. Die Temperatur nach dem ersten Aufkochen also bei 80–90 °C halten. Jetzt kommt es darauf an, was für eine Art Huhn ich gekauft habe. Ein normales Huhn oder eine Poularde nehme ich nach einer halben Stunde aus der Brühe und lasse sie abkühlen. Ein Suppenhuhn jedoch erst nach einer guten Stunde und dann lasse ich es ebenfalls abkühlen.
Sobald ich mir an dem Vogel nicht mehr die Finger verbrenne, löse ich sein Fleisch von den Knochen. Vor allem von Brust und Keulen. Den Rest, das heißt die Knochen, die Flügel und mögliche Fleischreste, gebe ich zurück in die Brühe und lasse sie weiter kochen, damit es eine gehaltvolle Brühe wird.
Nun wird das halbgare Fleisch klein geschnitten und in einer Kasserolle angebraten, gesalzen und mit folgender Flüssigkeit abgelöscht: in 1/4 l süße Sahne verrühre ich 1 EL Currypulver oder etwas weniger von einer Currypaste (die im Allgemein schärfer ist). Da hinein reibe ich einen halben, geschälten Apfel. Es genügt auch, ihn in sehr kleine Würfel

zu schneiden, aber er ist ganz wichtig: Überall wo Curry drin ist, muss auch Apfel rein. Zur Not geht es auch mit einer Hand voll eingeweichter Rosinen.

Also immer etwas Süßes.

Ja und nein. Ein Apfel ist ja nicht unbedingt süß. Aber es ist schon wahr, Trockenobst passt hier besser als getrocknete Tomaten oder gar frische Tomaten. Ein Chutney wäre auch denkbar, vorausgesetzt, man hat es im Haus.

Wir haben nie Chutney im Haus. Wenn du es mir sagst, mache ich gern ein paar Chutneys auf Vorrat.

Würde mich wundern. Du räumst ja nicht einmal die Küche auf, wenn ich es dir sage. Doch lassen wir das. Die mit dem Curry angerührte Sahne gieße ich über das bratende Hühnerfleisch. Jetzt beginnt die Abschmeckphase. Der Grad der Schärfe ist beliebig. Also salzen, pfeffern und, wenn es nötig sein sollte, noch zusätzliches Currypulver einrühren. Essen wir allein, würze ich es schärfer als wenn schwangere Schwiegertöchter mit ihren Bambini am Tisch sitzen. Und stelle vorsorglich eine Flasche Bier kalt.

Das muss schon ein sehr scharfes Hühnercurry sein, wenn ich dazu Bier trinken will! Normalerweise passen Gewürztraminer oder Scheureben sehr gut zu asiatisch scharfen Essen.

Und wenn es einmal zu scharf wird – die Gefahr besteht bei der Verwendung von Currypaste –, dann mache ich es wie die Inder: Ich gieße einen Becher Joghurt in die Kasserolle.

Wenn ich nicht irre, benutzen sie Joghurt nicht als Feuerlöscher in der Sauce, sondern trinken es zu ihren scharfen Gemüsetöpfen.

Da wir beide noch nie in Indien waren, lass uns darüber nicht spekulieren. Vorsichtshalber serviere ich zum Hühnercurry ungesalzenen Reis, der neutralisiert ebenfalls jedes überwürzte Ragout.

Und wie unterscheidet sich nun ein Lammcurry von einem Hühnercurry?

Wie ein Risotto von einer Polenta.

Meinst du, o delphisches Orakel, dieselbe Herkunft, aber unterschiedlicher Geschmack?

So könnte man es nennen. Obwohl der Geschmack eigentlich nicht so verschieden ist. Er wird in beiden Fällen vom Curry bestimmt. Es ist die unterschiedliche Konsistenz von Huhn und Lamm: Zart bis weich das Erste, deftig bis kernig das Zweite.

Wobei die Frage des passenden Getränks identisch ist: im Extremfall Bier, ansonsten Gewürztraminer, Scheurebe oder Ähnliches.

Aber es gibt einen Unterschied beim Garen. Man kann das Lammfleisch in einer Brühe kochen wie das Huhn. Danach klein schneiden und sanft in der Kasserolle fertig braten, während die Sahne-Curry-Mischung angegossen wird. Man kann aber auch aufs Kochen verzichten und gleich mit dem Braten beginnen.

Und was ist vorzuziehen?

Das solltest du wissen: Gekochtes Fleisch ist immer bekömmlicher als gebratenes. Erinnere dich, wie du von der gekochten Lammkeule geschwärmt hast!

Ah – die **Lammkeule mit Sommersauce.** Eine Sternstunde unserer Küche!

Vergiss bitte nicht, dass die Sauce meine Idee war!

Wie könnte ich das je vergessen! Wie könnte jemand, der dieses himmlische Essen nur einmal gekostet hat, unsere Welt verlassen, ohne deinen Namen auf den Lippen zu tragen.

Hoffentlich verhebt er sich nicht.

Genau betrachtet ist das Kochen einer Lammkeule ein Kinderspiel. Es unterscheidet sich doch in keinem Detail von der Technik, mit der du ein Suppenhuhn kochst.

Lammkeule mit Sommersauce

1 Lammkeule, küchenfertig
Meersalz, Pfeffer
2–3 Lorbeerblätter
3 Knoblauchzehen, zerdrückt

Sommersauce

1/2 l saure Sahne
4 EL Crème fraîche
1 TL scharfer Senf
Salz, Cayennepulver
4 Knoblauchzehen, zerdrückt
1 Schalotte, geviertelt
2 EL Schnittlauch, fein geschnitten

Und die Garzeit ist ein bisschen wichtiger ist als beim Huhn. Der eine mag nämlich seine Lammkeule, wenn sie innen noch rosa ist, während andere sie gern durchgekocht haben.

Also, ich bin ja auch ein Freund von rosa gebratenem oder gekochtem Fleisch. Aber mit deiner Sommersauce ziehe ich eine Lammkeule vor, wenn sie durchgebraten ist.

Du meinst -gekocht?

'tschuldige, ja. Darum geht es ja bei diesem Rezept. Bei dem man den richtigen Zeitpunkt erwischen muss, an welchem die Keule zwar nicht mehr rosa, aber noch nicht grau und trocken ist.

Und wann genau ist das?

Ich wollte, du hätteste mich etwas Leichteres gefragt. Das ist nämlich der knifflige Punkt beim Garen der Lammkeule – ob gekocht oder gebraten. Dabei spielen folgende Dinge eine Rolle: Alter und Gewicht der Keule, ob sie mit oder ohne Knochen gegart wird und schließlich die Temperatur im Ofen beziehungsweise im Suppentopf.

Für dieses Rezept wird sie gekocht.

O.K. – also hat der Metzger sie entbeint und ich habe das äußere Fett weggeschnitten. Nach dieser Behandlung wiegt eine Lammkeule nicht mehr als 2 kg. Die Kochzeit (bei 90 °C) schätze ich auf 60 bis 90 Minuten.

Geht es nicht etwas präziser?

Wenn es denn sein muss. Ich habe auch vergessen zu erwähnen, wie die Keule präpariert wird. Da die Knochen entfernt wurden, liegt sie wie aufgeklappt vor mir. Ich würze die Innenseiten kräftig mit zusammen gemörsertem Meersalz und schwarzem Pfeffer. Dazu lege ich zwei oder drei Lorbeerblätter und drücke drei Knoblauchzehen aus. Derartig manipuliert, wird die Keule zusammengerollt und mit Küchengarn umwickelt und zugebunden. Dann ab ins siedende Wasser. Nach einer Stunde Pochierzeit beginne ich mit der Kontrolle des Garzustands. Dazu genügt zunächst ein Fingerdruck: Gibt das Fleisch sofort und leicht nach, ist es innen noch zu roh. Lässt es sich hingegen nicht mehr eindrücken, ist es bereits zu gar und innen wahrscheinlich grau und trocken. Den richtigen Zeitpunkt dazwischen zu erwischen ist die Kunst, die hier benötigt wird. Fingerspitzengefühl im wahrsten Sinne des Wortes. Das ist der Zeitpunkt, an dem du mit deiner leckeren **Sommersauce** ins Spiel kommst.

Das Sommerliche kommt daher, dass die Sauce kalt ist und viel Schnittlauch enthält. Ihre Basis ist 1/2 l saure Sahne, 4 EL Crème fraîche, 1 TL scharfer Senf, viel Salz und nicht wenig Cayennepfeffer. Durch eine Knoblauchpresse werden 4 Zehen Knoblauch und 1 geviertelte Schalotte in die Sahne gepresst und gut vermischt. Abschließend streue ich 2 EL fein geschnittenen Schnittlauch darüber. Jeder, der Rezepte lesen kann, weiß sofort, dass es sich hier um einen veritablen Schmackofatz handelt, eine Sauce, die auch zu frisch gekochten Keniabohnen hervorragend passt sowie zu vielen anderen Gemüsen, Kochfleisch und, nicht zuletzt, auch zu gekochtem Fisch.

Mit einem Wort, wir haben es hier mit einem unvergleichlichen Essen zu tun, das es verdient, in der Ruhmeshalle der Kulinarik ausgestellt zu werden.

Dass du unsere Küche eine Ruhmeshalle nennst, ist eine schamlose Übertreibung. Es sei denn, du stellst meinen Anteil an dieser Halle gebührend heraus.

Nichts tu' ich lieber! Habe ich nicht von den Zinnen unserer Burg den Ruhm

deiner Küche ins Land posaunt? Habe ich nicht vor den Ohren einer Fernsehtante deinen Kalbsbraten à la Barbara über den grünen Klee gelobt?

Ach, der Kalbsbraten, ja der ist es auch wert, gelobt zu werden. Und wenn er gelingt, ist das jedes Mal auch ein Lob für den Metzger. Denn taugt das Fleisch nichts, gelingt auch der Braten nicht. Aber das ist eine Binsenwahrheit.

Immerhin haben wir lange suchen müssen, bis wir ein paar zuverlässige Metzger zusammen hatten.

So war es bei allen Händlern. Das ist der Preis dafür, dass wir nicht in einer Großstadt wohnen.

Dabei stammt der Speck für den Kalbsbraten aus dem Supermarkt!

Ja, es ist ein so genannter Frühstücksspeck, also dünne und schmale Streifen vom schwach geräucherten Bauchspeck. Damit wird das Bratfleisch belegt.

Und vorher?

Das Übliche. Das Fleisch, zirka 800 g aus der Keule, wird pariert. Nicht so peinlich genau wie ein Filet. Aber wenn ich Stellen entdecke, die ich später nicht im Mund haben möchte, werden sie ab- oder herausgeschnitten.

Allein die Befolgung dieser Maxime würde manchen anonymen Gastronomiebetrieb zu einer lohnenswerten Adresse machen!

Hat sich wohl noch nicht herumgesprochen. Vielleicht macht es manchen Leuten sogar Spaß, auf Sehnen und Knorpeln herumzukauen.

Oder sie haben Hunde unterm Tisch liegen.

Hör auf! Du verdirbst mir den Appetit auf meinen Kalbsbraten.

Also gut, dann back zwischendurch einen Kuchen.

Gute Idee! Das hatte ich sowieso vor. Nämlich einen Versöhnungskuchen.

Nie gehört. Wen willst du damit denn versöhnen?

Meine Großmutter, das Rezept habe ich in ihrem Kochbuch gefunden. Handgeschrieben! Und wahrscheinlich auch handgerührt. Da möchte ich mich für unser elektrisches Rührgerät entschuldigen.

Na, dann leg mal los!

Es ist ein ganz einfaches Rezept, wie für einen Bisquitteig: 6 Eigelb werden mit 200 g Zucker gerührt, bis sie eine hellgelbe, homogene Masse bilden. In die kommt das Ausgekratzte von 1 1/2 Vanillestangen und 150 g gesiebtes Mehl, sowie ein Gläschen brauner Rum und 120 g sehr weiche, fast flüssige Butter. Dann werden die 6 Eiweiß mit etwas Salz steif geschlagen und unter den Teig gehoben. Das ergibt eine lockere, sehr leichte Masse. Und so wird auch der Kuchen, wenn er abschließend in einer Springform von 22 cm Durchmesser 35 Minuten im 180 °C heißen Ofen gebacken wurde.

Ohne Backpulver?

Versöhnungskuchen

6 Eigelb

200 g Zucker

Vanille (aus 1 1/2 Vanillestangen)

150 g Mehl, gesiebt

1 Gläschen brauner Rum

120 g Butter, sehr weich

6 Eiweiß

1 Prise Salz

Du weißt doch, dass ich Backpulver ablehne. Dafür hat der liebe Gott die Eier erfunden. Und der war vor Dr. Oetker tätig.

Das klingt aber sehr schlicht. Um nicht zu sagen langweilig.

Nun, es ist ein Kuchen, den ich nachmittags zum Tee esse. Du würdest einen Malmsey aus Madeira vorziehen, ich weiß. Man kann ihn auch quer halbieren und mit einer süßen Obstcreme füllen. Oder mit einer Mousse au chocolat. Auf jeden Fall sollte er mindestens einen Tag in einer Folie eingepackt ruhen, nachdem er abgekühlt ist.

Wenn er als Nachtisch gedacht ist, zum Beispiel nach deinem Kalbsbraten, würde ich ihn würfeln und mit Schnaps beträufeln. Womit ich wieder beim **Kalbsbraten à la Barbara** wäre: Eine Kalbsnuss von zirka 800 g hattest du bereits pariert. Wie geht es weiter?

Kalbsbraten à la Barbara

- 800 g Kalbfleisch (Keule), pariert
- 2 TL Wacholderbeeren
- 1 TL schwarzer Pfeffer
- Öl
- Salbeiblätter, frisch
- 3 Lorbeerblätter
- Frühstücksspeck
- Butter
- 4 Schalotten, geschält und halbiert
- 6–8 Knoblauchzehen, halbiert
- Hühnerbrühe
- Kartoffeln, in Würfel geschnitten

Wie fast immer bei großen Fleischstücken. Im Mörser zerstampfe ich 2 TL Wacholderbeeren und 1 TL schwarzer Pfeffer und massiere diese Mischung vollständig ins eingeölte Fleisch. Darauf lege ich mehrere Salbei- und 3 kleine Lorbeerblätter und bedecke nun das Stück komplett mit den Streifen vom Frühstücksspeck. Weil die sonst runterfallen würden, muss ich den ganzen Korpus mit Garn umwickeln. So setze ich ihn in eine flache Bratform mit Öl und Butter auf den Herd und lasse das Paket von allen Seiten oberflächlich anbraten. Danach salze ich die Speckstreifen zurückhaltend, belege das Fleischpaket mit einigen Scheiben Butter und ab geht's in den 200 °C heißen Backofen. Gleichzeitig lege ich um das Fleisch herum 4 geschälte, halbierte Schalotten sowie 6 bis 8 ebenfalls halbierte Knoblauchzehen, welche ich vorher kurz angeschwitzt habe. Das alles wird mit einer Suppenkelle Hühnerbrühe angefeuchtet. Schon nach 8 Minuten reduziere ich die Hitze auf 180 °C und lege den Deckel auf den Bräter.
Dann schäle ich sechs festkochende Kartoffeln und schneide sie in Würfel. Nach 20 Minuten in der Hitze lege ich auch die Kartoffelwürfel in den Schmortopf, nicht ohne dem Braten nochmals ein Stück Butter zu gönnen.

Also, ich würde das Fleisch mit mehr …

Machst du den Kalbsbraten oder ich? Insgesamt braucht er nur knapp eine Stunde Bratzeit. Kurz vorher hole ich ihn aus dem Ofen, überzeuge mich, dass die Kartoffeln gar sind und gieße den Schmorsaft in eine Pfanne, wo er reduziert wird, bis er zur kräftigen Sauce geworden ist.

Wozu du was nimmst? Butter? Tomatenmark?

Butter immer. Etwas Kalbsfond, wenn ich welchen vorrätig habe, was aber nicht immer der Fall ist. Eigentlich hat der Frühstücksspeck weitere Aromen überflüssig gemacht. Du würdest wahrscheinlich mit allem experimentieren, was wir im Haus haben. Das ist bei diesem Kalbsbraten total überflüssig. Der Schmorsaft schmeckt himmlisch.

Zugegeben. Selten sind Kartoffeln so lecker, ist ein Fleisch so zart wie bei deinem Kalbsbraten. Trotzdem frage ich dich, warum du dir die Mühe mit dem Anbraten auf dem Herd machst. Unser Backofen ist so heiß, da genügt es, das präparierte Fleisch ohne Deckel in den heißen Ofen zu schieben, und nach spätestens 10 Minuten ist er angebraten.

Gut, das ist deine Art. Solange dir mein Braten aber so gut schmeckt, muss ich ihn ja nicht anders machen als gewöhnlich, oder? Ich sage ja schließlich auch nichts zu deinem ***Ochsenschwanz.***

Gebratener Ochsenschwanz

Mehrere Ochsenschwänze

Öl

Salz, Cayennepulver

Schmorgemüse (Lauch, Zwiebeln, Karotten, Sellerie, Tomaten)

Rotwein

Eventuell mit Oliven, Tomatenmark, Cognac oder Orangensaft abschmecken

Was ist denn mit meinem Ochsenschwanz?

Er blockiert den Ofen fünf Stunden lang und wird doch nicht zart.

Das liegt am Ochsen.

Was sollte er dagegen haben, von dir geschmort zu werden?

Vielleicht wartet er auf eine hübsche Köchin wie dich.

Oder bloß auf ein anderes Rezept. Du solltest ihn zur Abwechselung mal kochen!

Die berühmte Ochsenschwanzsuppe, ich verstehe. Seit ich die in den Bars meiner Jugend jede Nacht aus kleinen Tassen schlürfen musste, mag ich die nicht mehr. Außerdem wird ein Ochsenschwanz nie zart, bestenfalls weich.

Ja, wenn du ihn schmorst. Versuch es doch mal mit der Langzeit-Methode, sagen wir sechzehn Stunden!

Es ist doch praktisch die Langzeit-Methode. Ich lege das vom Metzger zusammengebundene Bündel von Ochsenschwanzstücken in heißes Öl, salze kräftig und streue auch eine gute Prise Cayenne dazu. In den Schmortopf lege ich auch die üblichen Schmorgemüse wie Lauch, Zwiebeln, Karotten, Sellerie und Tomaten, lasse alles im sehr heißen Ofen anrösten und gieße Rotwein dazu. Deckel drauf und die Temperatur auf 110 °C reduzieren. – Mehr kann man nicht machen, außer gelegentlich nachsehen, ob noch genug Flüssigkeit im Topf ist und, natürlich, abschmecken. Ob ich dabei Oliven und Tomatenmark in den Topf werfe, Cognac angieße oder Orangensaft – es hilft alles nichts. Das Fleisch wird weich und schmeckt wunderbar, bleibt aber faserig.

Nicht immer! Wir haben doch schon sehr zarten Ochsenschwanz gegessen, zum Beispiel bei Guy Martin im Grand Vefour.

Ja, und auch bei Pacaud im L'Ambroisie. Aber das sind berühmte Dreisterne-Restaurants, denen bringen die Metzger die zartesten Schwänze der verwöhntesten Ochsen in einem mit Diamanten geschmückten Kästchen.

Ich habe nicht einmal eine richtige Schmuckschatulle.

Aber einen wundervollen Backofen! Darin kannst du Kuchen backen wie Pacaud Ochsenschwänze. Zum Beispiel deine **Zitronentorte.** Wie kommt die zustande?

Zitronentorte

250 g Mehl
125 g Butter
125 g Zucker
2 Eigelb
1 TL Milch
1 Brise Salz

Zitronenmasse:
3 Eier
500 g Creme double
90 g Zucker
Schale von
3 unbehandelten Zitronen
Saft von 2 Zitronen
Vanille (aus 1 Vanillestange)

Nun, wie jeder Obstkuchen in einer flachen Backform von 25 cm Durchmesser zustande kommt. Indem ich zunächst einen Mürbeteig herstelle. Dafür brauche ich 250 g Mehl, 125 g Butter, 125 g Zucker, 2 Eigelb, 1 TL Milch und eine Prise Salz. Das alles wird mit den Fingern verknetet und nicht mit dem Rührwerk! Ich rolle eine Kugel aus dem Teig und lasse ihn ruhen. Eine alte Regel sagt, dass er mindestens eine Stunde in den Kühlschrank müsse. Aber Kühlschränke gibt es erst seit hundert Jahren; jedoch hat die backende Menschheit lange davor schon Mürbeteig zubereitet, vor allem im Sommer, wenn die Früchte reif sind.

Also kann man den Kühlschrank vergessen?

Selbstverständlich. Für die Zitronenmasse vermische ich 3 schaumig geschlagene Ökoeier mit 500 g Creme Double, 90 g Zucker, der abgeriebenen Schale von 3 und dem Saft von 2 unbehandelten Zitronen, sowie mit dem Inhalt von 1 ausgekratzten Vanillestange. Diese Mischung wird gut, aber nicht schaumig verquirlt und kühl gestellt. Währenddessen entsteht ein Tortenboden aus Mürbeteig. Die oben beschriebene Basis rolle ich gleichmäßig und möglichst dünn aus. und lege sie auf die Kuchenform. Der Teig wird an den Rändern angedrückt und abgeschnitten, indem ich mit einem Nudelholz über die Form rolle. Der Boden wird mit einer Gabel regelmäßig eingestochen und mit Alufolie ausgelegt. Darauf lege ich eine Lage Hülsenfrüchte (weiße Bohnen, Erbsen, etc) und lasse den Teig bei mittlerer Hitze im Ofen blindbacken. Dabei darf der Teig keine Farbe annehmen, soll aber gar werden. Folie und Hülsenfrüchte entfernen und den Boden der Form mit der Zitronenmasse belegen. Nun erneut backen, diesmal bei nur 130 °C, dafür aber 60 bis 70 Minuten. Die Masse soll eher stocken als backen. Der Zitronenkuchen schmeckt lauwarm am besten.

Zu diesem leckeren Kuchen würde ich einen Obstschaum servieren.

Ich nicht.

Warum nicht?

Zu viel Süßes auf einmal.

Erdbeerschaum

& Erdbeersauce

600 g Erdbeeren

4 Eiweiß

100 g Zucker

3 Blatt Gelatine

Grand Marnier

Aber die Zitronentorte hat eine ganz andere Süße als beispielsweise ein **Erdbeerschaum!**

Ja schon. Aber wenn ich einen Kuchen gebacken habe, will ich nicht noch einmal mit Zucker und Eiern hantieren.

Gut, dann übernehme ich den Erdbeerschaum. Der wird übrigens ohne Eigelb gemacht. Für die Festigkeit sorgt hier Gelatine.

Um Gottes willen, doch nicht dieses fürchterliche Zeug!

Ich weiß, du magst sie nicht, weil sie oft in viel zu großen Mengen verwendet wird. Dann wirkt die Festigkeit der jeweiligen Creme tatsächlich unangenehm künstlich. Aber bei 600 g Erdbeeren, 4 Eiweiß und 100 g Zucker nehme ich nur 3 Blatt Gelatine, da merkst du gar nicht, dass der Knochenleim drin ist.

Aber du verrätst es mir doch gerade!

Weil ich vor dir keine Geheimnisse haben will.

Dann verrate mir auch den Rest des Rezeptes!

Die drei Blatt Gelatine werden in kaltem Wasser eingeweicht und beiseite gestellt. Zuerst püriere ich die gewaschenen Erdbeeren mit dem Zucker und dem Saft einer einer halben Zitrone. Von der entstandenen dünnen Masse nehme ich 200 g ab, woraus ich eine **Erdbeersauce** mache.

Erdbeersauce zum Erdbeerschaum? Das ist doch wie mit Spaghetti gefüllte Makaroni!

Warte es ab! Zunächst setze ich die größere Menge des Pürees auf den Herd, wo es warm gemacht wird, aber nicht kochen darf. Da hinein rühre ich die eingeweichte und ausgedrückte Gelatine, bis sie sich aufgelöst hat. Das Püree wieder erkalten lassen, danach 4 Eiweiß mit 30 g Zucker sehr steif schlagen und unter das Erdbeerpüree mischen. In große Weingläser füllen und über Nacht in den Kühlschrank stellen. Die Gelatine sorgt dafür, dass es am nächsten Tag nicht auseinander läuft wie das für die Sauce ausgesonderte Erdbeerpüree, welches ebenfalls in der Kälte übernachtet. Es wird mit Grand Marnier vermengt und auf die etwas steifere Basis in den Gläsern gegossen. Es ist eine delikate sommerliche Nichtigkeit, die wir im Garten löffeln – entweder ohne alles Beiwerk oder zu deinem Zitronenkuchen.

WER WILL SCHON HARTEN SPARGEL!

Barbara Siebeck: *Ich habe 1 kg Spargel gekauft. Holst du uns einen passenden Wein?*

Wolfram Siebeck: Worauf hast du denn Lust?

Nun, auf einen Wein, der zum Spargel passt!

Zu Spargel passen alle Weine. Trockene Weißweine, milde Weißweine, rote Weine und warum nicht auch ein edel-süßer Riesling? Spargel ist kein kapriziöses Gemüse, auf dessen elegantes Aroma sensibel eingegangen werden muss. Er hat auch kein sensibles Aroma.

Ach, hör auf! Spargel ist das beliebteste Gemüse schlechthin. Nicht nur bei uns, auch deine geliebten Franzosen essen ihn bei jeder Gelegenheit.

Ja, weil dort jeder Küchenlehrling in der Lage ist, eine ordentliche Hollandaise aufzuschlagen. Bei uns setzen sie ihren Ehrgeiz darein, Spargel mit Schinken zu umwickeln oder die Resteier von Ostern kleinzuhacken.

Du meinst die Frühlingsvinaigrette?

Ja, die mit dem schlechten Essig und dem Rapsöl.

Nicht jede Wirtin weiß, mit Balsamico umzugehen.

Aber jeder Wirt weiß, wie wenig Arbeit das Spargel kochen macht. Vor allem, wenn er die Hollandaise aus der Tüte nimmt.

Wenn sie Spargel wenigstens nur mit zerlassener Butter servieren würden.

Dabei kommt es dann wieder auf die Qualität der Butter an. Süßrahmbutter muss es sein, möglichst nicht pasteurisiert und mit grobem Meersalz gewürzt.

Außerdem sollte Spargel unbedingt aus biologisch kontrolliertem Anbau stammen. Weil man sonst den Kunstdünger durchschmeckt.

Und er darf nicht al dente gekocht sein.

Habe ich dir jemals halbrohen Spargel vorgesetzt?

Es wäre ein Scheidungsgrund gewesen.

Mein lieber Herr und Gebieter, du bist ja schlimmer als Ritter Blaubart.

So viel ich weiß, war der kein Spargelfan

Also kein typischer Deutscher.

Oder doch. Er hat seine Frauen umgebracht, sobald sie ihre neugierigen Nasen in seinen Hobbyraum gesteckt haben.

Was war denn sein Hobby?

Eier kochen. Er hat eine Eieruhr erfunden, die nach genau zwölf Minuten die Kochzeit der Eier beendete.

Zwölf Minuten? Dann waren die doch hart gekocht!

Genau, das war sein Hobby. Frische Hühnereier hart kochen. Man sagte zu seiner Zeit, dass man nirgendwo auf der Welt so gleichmäßig harte Eier essen konnte wie bei Ritter Blaubart.

Zu Ostern? Oder das ganze Jahr hindurch?

Immerzu. Die Leute sollen vor seiner Burg Schlange gestanden haben, um eins von seinen hart gekochten Eiern mitzukriegen.

Warum steht vor unserer Burg niemand Schlange? Kannst du nicht eine Spargeluhr erfinden, mit der man Spargel garantiert so hart kochen kann, dass die Leute denken, sie säßen in einem Gourmet-Restaurant? Was ist bloß dran an knackigem Spargel? Sind Gourmets dümmer als Normalesser? Lassen sie sich leichter etwas aufschwätzen, wenn es nur als modern bezeichnet wird?

Dummheit ist nicht auf bestimmte Klassen beschränkt.

Spargelsuppe

500 g weißer Spargel

1 l Hühnerbrühe

Gesalzene Butter

Schale 1 unbehandelten Orange

1/4 l süße Sahne

1 Eigelb

Salz

Cayennepulver

Muskat

Ganz recht, Herr Schopenhauer. – Wie wär' es jetzt mit einer Spargelsuppe?

Und wenn du den Spargel braten würdest?

Nein, dafür eignet sich grüner Spargel besser. Deutscher Spargel hat weiß zu sein. So wie deutsche Kartoffeln gelb sind und nicht violett.

Hat das etwas mit Goethes Farbenlehre zu tun?

Nein, mit der Geografie. Violette Karoffeln wachsen in Thailand. Und dort werden sie auch bevorzugt gegessen.

Wir haben sie aber auch schon in Deutschland auf dem Teller gehabt!

Ja, in einem Gourmet-Lokal. Das sagt doch wohl alles.

Also dann – wie war das mit der Suppe?

Dafür brauche ich 500 g Spargel und knapp 1 l Hühnerbrühe. Die Stangen werden geschält und die Köpfe abgeschnitten. Doch während die sparsame Hausfrau die Schalen auskocht und daraus ihre Suppe macht, werfe ich die Schalen in den Müll.

Ich weiß: deine Sparsamkeit hat ihre Grenzen.

Es geht hier nichts ums Sparen, sondern um deine Gesundheit. In den Schalen sitzen alle Chemikalien, mit denen die Spargelbauern ihren Spargel großziehen. Die möchte ich ungern in unserer Suppe haben.

Schneidest du deshalb die Köpfe ab?

Nein. Die werden halbiert und in gesalzener Butter in einer Pfanne gebraten – mehr gedämpft als gebraten. Das dauert erstaunlich lange. Bis zu 20 Minuten. Dann kommt der besondere Kniff: Ich streue über die Spargelköpfe geriebene Orangenschale! Danach kommen sie in die fertige Suppe.

Wieso ist die plötzlich fertig?

Die entsteht, indem ich die geschälten Spargelstangen in kurze Stücke schneide und in der Hühnerbouillon gar koche. Dann gehe ich ihnen mit dem Handmixer zu Leibe, bis sie püriert sind. Danach treibe ich sie durch ein Sieb. Das ist nötig, weil eine Menge Spargelfasern zurückbleiben, die sich nicht auflösen. Nun lasse ich die Suppe eine Weile reduzieren und gieße 1/4 l süße Sahne an. Einen Rest davon halte ich zurück und verquirle darin ein Eigelb. Als nächstes wird die Suppe abgeschmeckt. Mit Salz und Cayenne und einer Prise Muskat. Jetzt noch das Eigelb mit der restlichen Sahne einrühren, dabei die Suppe aber vom Feuer nehmen, weil das Eigelb sonst gerinnt. Die Köpfe hinein und fertig!

Könnte man auch andere Sachen in die Suppe legen als Spargelköpfe?

Und ob! Alle Produkte, die normalerweise mit Spargel serviert werden, eignen sich – klein geschnitten – auch als Suppeneinlage. Wie die Köpfe muss man sie natürlich extra in einer Pfanne braten.

Und mit abgeriebener Orangenschale bestreuen.

Das wäre möglich, kommt aber auf den Einzelfall an.

Mithin eine Spargelsuppe, wie sie nicht im Kochbuch steht.

In diesem schon.

Und worin besteht die Schwierigkeit einer **Hollandaise?**

Sie kann, wie alle Eiersaucen, bei starker Hitze gerinnen.

Und was tust du dagegen?

Ganz einfach: ich gieße kaltes Wasser in die Schüssel. Sofort beruhigt sich die Chose wieder.

Eine Sauce Hollandaise ist doch letzten Endes nichts anderes als eine Sabayon. Die macht doch keiner Hausfrau Schwierigkeiten, oder?

Es ist eben nicht dasselbe. Bei einer Sabayon wird noch Sahne und eine Menge Zucker mit aufgeschlagen sowie von Fall zu Fall Madeira, Obstschnäpse und dergleichen.

Wenn du eine Hollandaise auf den Tisch stellst, habe ich auch das Gefühl, dass da neben Pfeffer und Salz noch andere Dinge drin sind.

Sicher. Etwas Zitronensaft ist immer drin. Manchmal auch etwas abgeriebene Orangenschale. Und der Pfeffer muss Cayenne sein. Der Rest ist Willkür.

Gibt's sonst noch Neues aus der Hexenküche?

Perlhuhn

1 Perlhuhn (ca. 1,2 kg)
1 Zweig Thymian
3 Lorbeerblätter
1 Strauß Kerbel
Einige Knoblauchzehen
Butter
Frühlingszwiebeln
Salz, Pfeffer
Etwas Weißwein
1 EL Hühnerbrühe

*Wie wäre es mit einem **Perlhuhn?***

Endlich einmal was anderes als immer meine Kutteln, nicht wahr?

Perlhühner sind für uns beide deshalb so ideal, weil sie deutlich weniger wiegen als ein gutes Huhn. Da bleiben keine Reste, die man am nächsten Tag ratlos hin und her schiebt.

Du redest wie eine Braut am Tag nach der Hochzeit.

Den Tag hast du doch schon seit Jahren vergessen!

Das Datum schon, aber nicht das Mittagessen bei Hans Stucki in Basel.

Und was gab's da? Gute Weine, an mehr erinnerst du dich doch nicht, oder?

Vielleicht sogar Perlhuhn …

Dann war es aber getrüffelt. Meins ist es jedenfalls nicht. Es ist ein ganz normales Perlhuhn von ungefähr 1,2 kg. Es ist bratfertig, also fuß- und kopflos. Seinen leeren Bauch salze ich großzügig und fülle ihn mit frischen Kräutern: 1 Zweig Thymian, 3 Lorbeerblätter, 1 Strauß Kerbel, jede Menge Knoblauchzehen und ein Stück Butter von ungefähr 100 g. Nun nehme ich eine genügend große Alufolie, um das Perlhun darin einzuwickeln. Bevor es aber soweit ist, lege ich die Folie flach auf den Tisch und bedecke sie in der Mitte dicht mit dünnen Scheiben von geschälten Frühlingszwiebeln. Die werden gesalzen und gepfeffert, das heißt mit grobem Meersalz und gemörserten schwarzen Pfefferkörnern bestreut. Darauf lege ich 100 g in Scheiben geschnittene Butter und kröne das Ganze mit dem inzwischen gefüllten Perhuhn. An den Rand, also um das Huhn herum, platziere ich noch ein paar übrig gebliebene Kräuter, Lorbeerblätter und weitere Knoblauchzehen.

Keine zusätzliche Flüssigkeit?

Doch. Etwas Wein muss sein. Und vielleicht 1 EL Hühnerbrühe. Dann endlich schlage ich die Alufolie um das Perlhuhn und verschließe sie so, dass kein Saft austreten kann. Dieses glitzernde Paket lege ich auf eine feuerfeste Bratform und stelle sie bei 220 °C in den Ofen. Nach 10 Minuten schalte ich die Hitze zurück auf 180 °C und lasse das eingewickelte Perlhuhn 80 Minuten garen.

Das ist aber eine gefährlich lange Zeit für ein mageres Huhn!

Normalerweise wäre sie zu lang. Aber die Folie schützt das Perlhuhn vor dem Austrocknen. Außerdem brauchen die Zwiebelchen und die ganzen Kräuter lange, bis sie weich sind.

Und wie geht's weiter?

Wieso weiter? Das ist alles. Nach alter Köche Sitte lasse ich das Huhn in seiner Verpackung noch 10 Minuten in der Wärme ruhen. Obwohl ich nicht glaube, dass das in diesem Fall einen Sinn hat. Jedenfalls ist der Bratensaft in der Folie wunderbar und erspart mir die Überlegung, was für eine Art von Sauce ich noch machen muss. Wenn auch die verarbeitete Buttermenge dagegen spricht, so ist dieses Perlhuhn doch relativ leicht, jedenfalls leichter als deine Version mit Trockenfrüchten. Welche, Gott bewahre!, ja auch sehr lecker ist! Bei mir täuschen der Thymian, der Kerbel und die Lorbeerblätter jene Leichtigkeit vor, die wir

mit der provenzalischen Küche verbinden. Als Beilage nehme ich Nudeln oder kleine Frühkartoffeln. Und, wenn sie schon auf dem Markt sind, frische, kleine Erbsen, die ich in Salzwasser mit Butter koche und abschließend glaciere. So wie Möhren. Das auf diese Art zubereitete Perlhuhn sollte auf keinen Fall mit kräftigen Gemüsen kombiniert werden.

Auf jeden Fall aber mit einem schönen Wein. Eine Grauburgunder Spätlese von Salway wäre mein Vorschlag.

Akzeptiert!

Und danach? Was gibt's als Dessert?

Ich hatte schon gefürchtet, du würdest nicht danach fragen. Zum Dessert gibt es eine Nouveauté, die ich mir heute morgen ausgedacht habe, ein Kokos-Schokoladenparfait.

Kokos-Schokoladenparfait

1 Dose Kokosmilch

2 EL Kokosraspeln

4 Eier

2 Eigelb

100 g Zucker

1/2 l süße Sahne

1 Prise Salz

100 g sehr gute Bitterschokolade (z. B. Valrhona)

100 g weiße Schokolade

Parfaits sind in unserer Küche nichts Neues.

Ja, weil sie leicht zu machen sind – ohne Eismaschine oder sonstige Apparate, die hinterher umständlich gesäubert werden müssen. Neu ist bei diesem Parfait nur die Kokosmilch mit ihrer Pampe.

Von welcher Pampe redest du?

Kokosmilch gibt es in Dosen oder in Tüten. Wie bei älterer Sahne setzt sich oben eine steife Schicht ab. Sie besteht aus nichts anderem als Kokosraspel, welche mit Kokossaft angesetzt wurde. Kokossaft ist wasserklar. Erst zusammen mit Kokosraspel bildet er das, was wir Kokosmilch nennen.

Ich dachte, die sitzt in der Kokosnuss.

Falsch gedacht. Dose ist richtig. Davon brauche ich eine. Den Pfropf zerdrücke ich mit einer Gabel und etwas Kokosmilch. Darin verrühre ich noch 2 EL Kokosraspeln, die man extra kaufen kann, so dass ein dicklicher Brei entsteht.
Nun kümmere ich mich um die Basis eines jeden Parfaits, die Sabayon. Dazu brauche ich ein Wasserbad …

Ludwig XV. war stolz darauf, sein ganzes Leben nie gebadet zu haben …

... das man auch Bainmarie nennt. Es ist dies ein normaler Topf, der mit Wasser gefüllt wird, und eine Konditorschüssel, eine verchromte Halbkugel. In dieser Schüssel verrühre ich 4 ganze Eier und 2 Eigelb mit 100 g Zucker. Gleichzeitig schlage ich 1/2 l süße Sahne steif.
Der Wassertopf steht auf dem Herd, das Wasser wird heiß, und da hinein stelle ich die Schüssel. Die Masse aus Eiern und Zucker wird durch langes Rühren ganz hell und dick. Wird sie zusätzlich in einem Wasserbad erhitzt wie hier, verdickt sie noch mehr. Dabei muss ich immer wieder mit dem Finger kontrollieren, ob die Hitze nicht zu groß ist, weil dann die Eier stocken würden. Eine Prise Salz nicht vergessen, die vorbereitete Kokospampe einrühren, die geschmolzene Schokolade in die Sabayon und als letztes die steife Sahne. Am sichersten gelingt diese Phase, indem ich dabei die Schüssel über kaltem Wasser abkühlen lasse.

Wo kommt denn plötzlich die Schokolade her?

Ach die ... die habe ich auch vorbereitet. Und zwar 100 g Valrhona mit 75 % Kakaoanteil und 100 g weiße Schokolade zusammen im Wasserbad geschmolzen.

Wäre es nicht sinnvoller, statt weiße und Bitterschokolade zu mischen, eine halbbittere zu nehmen?

Theoretisch vielleicht. Aber vermischst du etwa einen lieblichen Wein mit Zitronensaft, um einen trockenen zu bekommen?

Nein, das tun manchmal die Winzer.

Na also. Jetzt folgt der dritte Teil. Die fertige Masse wird in eine Terrinenform gegossen und zugedeckt in den Tiefkühler gestellt.

Der vierte Teil besteht dann darin, dass sich Julius und Jason über das Parfait hermachen und in Windeseile alles verputzen, was du in mühsamer Arbeit hergestellt hast.

Das ist das Schicksal aller Süßspeisen – dafür lieben Enkel ihre Omas. Das hart gefrorene Parfait muss übrigens 2 Stunden vor dem Servieren im normalen Kühlschrank zur Essbarkeit auftauen.

Na, ob die beiden so lange warten können?

Vielleicht lassen sie sich ablenken durch ein leichtes, sommerliches Gericht, den ***bunten Gemüseteller****.*

Ist das diese lauwarme, vegetarische Angelegenheit mit Olivenöl?

Du hast es ziemlich genau beschrieben.

Kein Problem, da ich mich an den schönen Anblick erinnere: die roten Karotten, die grünen Spargelspitzen, hellbraune Kartöffelchen und – was gehört sonst noch dazu?

Erbsen, Keniabohnen und Sellerie. Und alle Gemüse werden geputzt und klein geschnitten. Nur die Kartoffeln nicht. Sie müssen ganz jung sein, also nur kirschgroß, so dass man sie nicht schälen muss. Es genügt, sie unter fließendem Wasser abzubürsten. Sie werden in salzigem Wasser gekocht, abgegossen und in ihrem Kochtopf warm gestellt.
Alle anderen Gemüse müssen mit ein und demselben Kochwasser vorlieb nehmen, so wie man früher die Kinder hintereinander im selben Badewasser badete. Nur mache ich das nicht aus Sparsamkeit wie deine Oma, sondern um das Kochwasser in eine aromatische Gemüsebrühe zu verwandeln.

Bunter Gemüseteller

- Kartoffeln, am besten junge
- Sellerie, klein geschnitten
- 8 Knoblauchzehen
- Keniabohnen, halbiert
- Erbsen
- Karotten, klein geschnitten
- Spargelspitzen, grün
- Salz, am besten Fleur de sel
- Akazienhonig
- Pfeffer
- 5 EL Gemüsebrühe
- 3 EL Olivenöl

Wie kommst du darauf, dass meine Oma ihre Kinder nacheinander im selben Wasser gebadet hat?

Ich meinte nicht die Kinder deiner Oma, sondern ihre Enkel.

Herrje, du weisst genau, dass sie nur einen wohlgeratenen Enkel hatte!

Richtig. Er war der Stolz seines Lateinlehrers, weil er »con grano salis« übersetzen konnte, ohne zu stottern. Apropos Salz. Bei dieser Gemüseplatte muss es unbedingt Fleur de sel sein, dieses feine Nebenprodukt von grobem Meersalz.

Genügt denn einfaches Sel de Guerande nicht?

Doch, genügt durchaus. Aber es kommt bei diesem Gemüse darauf an, dass jedes Detail möglichst perfekt ist, um seine Delikatesse zu offenbaren. Deshalb werden als erstes kleine Stücke der Sellerieknolle in Wasser gekocht. Zusammen übrigens mit 8 geschälten Knoblauchzehen. Wenn der Sellerie gar ist, fische ich ihn heraus und befördere ihn in den warm gestellten Kartoffeltopf.

Und der Knoblauch?

Bleibt im Wasser. Die Zehen brauchen ziemlich lange, um weich zu werden. Jetzt gebe ich die halbierten Keniabohnen ins Kochwasser. Auch sie landen, wenn sie gar sind, beim Sellerie und den Kartoffeln. Es folgen die Erbsen – egal, ob frisch oder tiefgekühlt –, und wenn die sich mit den Kartöffelchen vereint haben, sind die Karottenstäbchen an der Reihe. Ihnen folgen als letzte die grünen Spargelköpfe mit 5 cm ihrer Stangen. Nun wird auch der Knoblauch weich sein. Ich püriere und würze ihn mit wenig Akazienhonig und gemahlenem Pfeffer.

Das klingt aber ziemlich aufwändig für einen schlichten Gemüseteller.

Halb so schlimm. Länger als 20 Minuten dauert die Kocherei selten. Es handelt sich ja bei den Gemüsen nur um kleine Mengen; winzig wäre sogar das richtigere Wort. Zum Schluss reduziere ich die Gemüsebrühe so stark, dass nur ein Tasse voll übrig bleibt. Ist sie etwas abgekühlt, verquirle ich je 5 EL Brühe mit 3 EL fruchtigem Olivenöl zu einem sämigen Fond. Die Gemüse richte ich auf einer heißen Porzellanplatte an und gieße den Fond darüber. Zur Abrundung des Aromas platziere ich obenauf den Knoblauchbrei. Was glaubst du, welcher Wein dazu ideal wäre?

Eine Riesling-Spätlese von Prüm in Bernkastel?

Fast richtig. Beim letzten Mal musste es unbedingt eine Rieslaner Spätlese vom Juliusspital in Würzburg sein.

Ja, ja. Meinen guten Weingeschmack lobt man landauf, landab.

*Ach, manchmal kochst du auch was Feines. Das weiß bloß keiner. Diese **Entenbrust** zum Beispiel!*

Ja, die war großartig, nicht wahr?

Und ganz ohne meine Hilfe entstanden!

Richtig. Ich habe sie sogar allein eingekauft.

Dann erkläre mir bitte, wie du sie hingekriegt hast!

Es war die Brust einer großen Ente, so viel ist sicher. Sie war 2 bis 3 cm dick. Zunächst habe ich, was ich bei Entenbrüsten immer tue, die fette Haut abgesäbelt. Das ist bei unseren Messern sehr einfach. Die Klinge zwischen Haut und Fleisch einschieben und die beiden Schichten mit dem Messer von einander trennen.
Gebraucht wird natürlich nur das Fleisch. Es hat ein paar Stellen, wo Sehnen oder Reste von Adern sichtbar sind: radikal wegschneiden! Dieses sauber parierte längliche Fleischstück schneide ich in zwei Hälften. Dann nehme ich unseren kleinsten Schmortopf und setze ihn mit Olivenöl auf den Herd. In das nicht übermäßig heiße Öl lege ich die beidseitig gesalzenen Bruststücke und lasse sie vorsichtig anbraten. Vorbereitet habe ich folgende Zutaten, die ich jetzt alle gleichzeitig zur Entenbrust gebe: 6 entkernte, frische Datteln, 4 Frühlingszwiebeln – 10 cm lang und dreifach geteilt –, 2 geschälte, halbierte Schalotten; das übliche, zirka 10 cm lange Stück einer Lauchstange, 5 große oder 10 kleine enthäutete Knoblauchzehen, 1 ausgekratzte kleine Chilischote, sehr fein gehackt, 1 gehackter Würfel kandierter Ingwer, grobes Meersalz, 3 EL kleine, schwarze Oliven mit Kernen. Das Ganze wird mit Portwein aufgegossen und reduziert. Bevor Brandschäden entstehen, kommt ein Schöpflöffel steifer Hühnerfond in den Bräter. Ich lege den Deckel drauf und stelle die Hitze auf die niedrigste Stufe.

Keine Zitrone? Kein Essig? Das muss doch zu diesem Zeitpunkt eine ziemlich süße Angelegenheit sein!

Geschmorte Entenbrust

1 große Entenbrust ohne Haut
Salz
Olivenöl
6 frische Datteln, entkernt
4 Frühlingszwiebeln, 10 cm lang, dreifach geteilt
2 Schalotten, geschält, halbiert
1 Lauchstange, 10 cm
5–10 Knoblauchzehen
1 kleine Chilischote, ausgekratzt, sehr fein gehackt
1 Würfel kandierter Ingwer, gehackt
Grobes Meersalz
3 EL kleine, schwarze Oliven mit Kernen
Portwein
1 Schöpflöffel Hühnerfond
Eventuell kandierte Orangenschalen

Süss ist richtig. Gleichzeitig ist das Ereignis aber auch scharf. Säure ist nicht nötig. Vielleicht Salz oder, was man immer im Haus haben sollte, kandierte Orangenschalen.

Ah, ich verstehe: Orient meets Okzident.

Eine Stunde bei kleinster Temperatur auf dem Herd zugedeckt schmurgeln lassen. Danach ist das Fleisch überraschend zart, gerade hinter der Rosa-Stufe angekommen. Die Gemüse sind trotz der geringen Hitze weich geworden ohne zu zerkochen, und der Geschmack ist so gut, dass nicht nachgewürzt wurde. Eine mögliche Ergänzung wäre die bereits erwähnte abgeriebene Orangenschale. Dazu **Curryreis.**

Curryreis
Basmatireis
Salz
Schalotten
Öl
Currypulver

Klingt gut. Wie aber kommt der Curry in den Reis?

Willst du das wirklich wissen?

Selbstverständlich! Was soll ich denn antworten, wenn unsere Enkel mich eines Tages fragen: »Oma, wie kommt der Curry in den Reis?«

Sag ihnen, sie sollten den Opa fragen. Ich werde versuchen, sie von dieser heiklen Frage abzulenken.

Was ist daran denn heikel?

Ihre beschämende Einfachheit. Den Curry streue ich auf den zusammen mit fein gehackten Schalotten im Öl anschwitzenden Reis, Sekunden bevor ich ihn mit Wasser auffülle. Durchrühren, kochen lassen und, wenn seine Zeit gekommen ist, zugedeckt quellen lassen.

Und als ihre Zeit gekommen war, brachte sie ein kleines, goldgelocktes Mägdelein zur Welt, das nannte sie Kurkuma.

Ein schöner Name für ein gelbes Gewürz, das fast überhaupt keinen Geschmack hat und anstelle des teuren Safrans zum Färben vieler Speisen verwendet wird. Aber willst du nicht wissen, wieviel Currypulver ich in den Reis streue?

Nein, will ich nicht wissen! Das ist doch sowas von egal, ob du einen oder zwei Teelöffel davon hineinrührst. Das schmeckt man eben ab und weiß es. Diese Mengenangaben sind das Überflüssigste was es gibt: Eine Prise Salz, zwei Wacholderbeeren, 10 g Butter – mein Gott, irgendwann muss doch Schluss sein.

Du hast mal wieder recht. Machen wir Schluss. Gehen wir in den Garten.

VERZEICHNIS DER REZEPTE

VERZEICHNIS DER ABBILDUNGEN

IMPRESSUM

Die Deutsche Bibliothek - CIP-Einheitsaufnahme
Ein Titelsatz für diese Publikation ist bei
Der Deutschen Bibliothek erhältlich.

1. Auflage

Der Entwurf des Schutzumschlages und die graphische Gestaltung des Werkes stammen von Malwina Sohr.
Das Lektorat oblag Barbara Sternthal, die technische Herstellung Franz Hanns.
Die Reproduktion der Abbildungen erfolgte bei Pixelstorm, Wien,
der Druck des Werkes bei Druckerei Berger, Horn.
Gesetzt wurde aus der Futura, der Helvetica sowie der Caflish.

ISBN 3-85498-351-4

Christian Brandstätter Verlagsgesellschaft m.b.H.
A-1010 Wien, Schwarzenbergstraße 5
Telephon (+43-1) 512 15 43-0
Fax (+43-1) 512 15 43-231
E-Mail: cbv@oebv.co.at
Internet: www.brandstaetter-verlag.at